너에게 쓴
철학 편지

지은이 이름은 국립국어원 외래어 표기법에 따르지 않고,
그동안 출간된 한국어판에 표기된 이름을 썼습니다.

너에게 쓴
철학 편지

*

요슈타인 가아더 지음
손화수 옮김

DET ER VI SOM ER HER NÅ. EN livsfilosofi
Text by Jostein Gaader
First published by Kagge Forlag As, 2021
Published in agreement with Oslo Literary Agency
Korean Translation © 2022 by Hansol Soobook Publishing Co.
All rights reserved.
The Korean languageedition is published by arrangement with
Oslo Literary Agency through MOMO Agency. seoul.

이 책의 한국어판 저작권은 모모 에이전시를 통해
Oslo Literary Agency와의 독점 계약으로 주식회사 한솔수북(책담)에 있습니다.
저작권법에 의해 한국 내에서 보호를 받는 저작물이므로 무단전재와 무단복제를 금합니다.

*

"This translation has been published with the financial support of NORLA".

우리는 이 세상에 잠시 머무르며,

마치 물고기가 잔잔한 호수에서 튀어 오른 뒤

동그란 잔물결을 만들어 내는 것처럼

세상에 일시적인 흔적을 남겨.

차 례

시작하며

사랑하는 레오, 오로라, 노아, 알바, 율리아, 그리고 마니에게

너희에게 편지를 쓰기 위해 컴퓨터 앞에 앉아 있으니 가슴이
두근거리는구나. 이런 방법으로 너희와 소통을 하려니 조금 이상
하기도 해.

나는 너희에게 쓰는 이 편지를, 다른 사람들도 읽을 수 있도록
책으로 출간할 예정이야. 비록 소수 특정인에게 쓰는 편지이긴 하
지만, 이것은 누구나 읽을 수 있는 편지, 즉 공개편지인 셈이지.

너희는 이 편지가 인쇄되어 나오기 전에는 읽을 수 없을 것 같
구나. 그러나 그 전에는 아무에게도 이 책에 관해 이야기하지 않을
것이니, 안심해도 돼. 나는 너희 한 명 한 명에게 직접 책을 건네줄
날을 고대하고 있어. 이미 오래전부터 계획한 일이지. 아마도 그 순
간은 내게는 물론, 너희에게도 매우 의미 깊을 것 같구나. 하지만
너희가 이 할아버지에게서 우편으로 책을 받게 될지, 또는 한자리
에 모여 축하하며 책을 받게 될지는 아직 모르겠구나.

나는 이전에도 편지 형식의 책을 꽤 썼어. 그간 적지 않은 수의 책이 서신 형식으로 출간되었지만, 등장인물은 모두 허구였지.

단 한 권, 예외도 있었어. 바로 1,600년 전 북아프리카에서 살았으며, 교부로 일컬어졌던, 한 주교에게 편지를 보낸 여인을 소재로 한 책이었지. 나는 그녀의 편지를 나의 언어로 재구성하는 데 큰 흥미가 있었어. 그녀에게 자신만의 목소리를 주고 싶었기 때문이었지. 그녀는 주교의 저서《고백록Confessiones》에도 등장하는 실재 인물로, 주교와 몇 년 동안 교제한 뒤 버림을 받았던 것으로만 알려져 있어. 심지어 그녀의 이름도 알려져 있지 않았지. 나는 그녀에게 플로리아 에밀리아Floria Aemilia라는 이름을 붙여 주었단다.

실제로 주교는 그녀의 편지를 받아 보지 못했어. 하지만 나는 오늘날까지도 그를 추종하는 사람들이 그녀의 편지를 읽어 보았으면 하는 바람으로 그 책을 썼지. 나는 주교가 과거에 너무나도 사랑했던 한 여인으로부터 편지를 받아 보았다는 가정하에 상상력을 동원해 글을 썼단다.

하지만 주교는 이미 선택을 내린 뒤였어. 그는 이승에서의 한 여인과의 사랑보다는 내세에서의 영생을 선택한 셈이었지. 그는 둘 중 하나만 선택해야 한다고 믿었던 것이 틀림없어.

여기서 중요한 것은 그가 다른 세상에 관한 일련의 상상적 개념 때문에 이 세상에서의 삶을 포기할 수도 있다고 생각했다는 점이야. 이런 생각은 무려 1,600년이라는 세월 동안 일관성을 유지하며 지속되어 왔지. 나는 책에서 바로 그러한 삶의 철학적 질문을 다루려고 했어.

현재 살아 숨 쉬며 실제로 존재하는 사람들을 대상으로 공개편지를 쓰는 것은 내게 매우 생소한 일이야. 지금 이 글을 쓰는 순간, 너희 나이는 생후 몇 개월부터 열여덟 살까지 각각 다르고, 성별 또한 남자 세 명에 여자 세 명으로 다르구나. 하지만 너희에게도 공통점은 있어. 내가 너희 할아버지라는 사실? 물론 그건 틀린 말은 아니지만, 그보다 훨씬 중요한 것이 있어. 그건 바로, 너희가 모두 21세기에 태어났다는 사실이지. 그리고 너희 대부분, 아니 어쩌면 여섯 명 모두 21세기를 거쳐 22세기의 문이 열리는 것을 볼 만큼 오래 살 수 있을지도 몰라. 이 기록은 내가 태어난 1950년대부터 21세기 말까지에 대한, 150년 가까이 되는 이야기야. 나는 이 150년이 인류의 삶에서 가장 중요한 시간이 될 것이며, 더불어 우리 지구의 역사에서도 가장 중요한 시간이 될 것이라고 감히 말할 수 있단다.

나는 너희에게 해 주고 싶은 이야기와 함께 나의 개인적인 관점 몇 가지를 이 책에 담을 거야. 그건 바로 삶을 바라보는 관점과, 인류의 문명과 드넓은 우주 안에 자리한 우리의 연약하고 보잘것없는 행성에 관한 관점이지. 나는 이 모든 것을 어느 정도 일목요연하게 정리해 너희에게 보여 줄 수 있기만을 바라. 동시에, 한 번에 하나씩 한정된 주제에 집중하려고 노력할 생각이야.

글을 써 나가면서 너희에게 질문을 던질지도 몰라. 그중 어떤 질문들은 나 또한 그 답을 찾아내지 못한 것들이란다. 하지만 대부분의 질문은 너희가 이 편지를 읽다 보면(어쩌면 되풀이해서 읽어야 할지도 모르겠구나.) 언젠가는 답을 찾을 수 있을 것이라고 생각해. 아마 세기말이 되지 않을까 싶구나. 그렇다 할지라도 내게 답하려 시도하진 말거라. 그 답은 어차피 내가 들을 수 없을 테니까. 플로리아가 북아프리카의 주교에게 보낸 편지처럼.

우리는 후손이나 다음 세대에게 쉽게 말할 수 있지만, 그들이 우리를 향해 뒤돌아서서 목소리를 내는 것은 불가능해.

내가 무슨 말을 하고 있는지 더 자세히 설명하기 위해 관련된 질문 하나를 던져 볼까 해.

이 세상은 21세기 말쯤 되면 어떻게 변해 있을까?

이른 감이 없진 않지만, (아니, 늦은 감이 없지 않다고 해야 할까?) 이 질문을 지금 던지는 건 상당히 현명한 일이라고 생각해. 우리는 그 답을 지금 당장 확인할 수는 없어. 하지만 21세기를 마무리할 존재는 이 시대를 살고 있는 우리야. 한편으로는 21세기를 마무리하는 일이 우리에게 달려 있다는 말이 조금 과장된 것이라는 생각도 드는구나. 하지만 너희는 내가 무슨 말을 하고 있는지 이해하리라 믿어. 세월이 흐른 뒤, 너희는 이 할아버지가 왜 그런 말을 했는지 되새겨 볼 수 있는 기회를 얻게 될 거야.

너희 나이는 저마다 다르지. 가장 나이가 어린 아이는 글을 읽고 쓸 수 있을 때까지 몇 년을 더 기다려야 할 거야. 지금 내가 쓰고 있는 이 편지는 현재 청소년이라 할 수 있는 나의 손자, 손녀들에게 보내는 거야. 청소년이라 하면 대충 열여섯, 열일곱 살 정도 되겠지. 그렇게 따지자면 오로라와 레오는 비록 전부는 아니더라도 이 할아버지의 글을 잘 이해할 수 있을 거야. (가끔은 백과사전의 도움을 받아야 할 때도 있을 거야. 왜냐하면 내가 사용하는 단어와 개념은 너희에게 익숙하지 않은 것들도 있을 테니까.) 동시에, 나는 너희가 나이를 먹고 더 많은 삶의 경험을 얻은 뒤에도 이 글을 여러 번 읽어 주기를 바라. 바로 그 때문에, 나는 노아, 알바, 율리아도 염두에 두고 이 편지를 쓰고 있어. 물론 더 어린 마니도 마찬가지지. 마니, 이 세상에 온 것을 환영해! 나는 지금 너희를 하나하나 떠올리며 편지를 쓰고 있단다.

여섯 명의 사랑하는 손주들. 나는 서로 다른 너희 얼굴을 떠올리며 편지를 쓰는 이 순간이 내가 누릴 수 있는 최고의 특권이라고 생각해. 너희는 여섯 명의 젊은 세계 시민이기도 하니까!

세상은 어디에서 시작된 것일까

나는 오슬로 외곽의 신흥 도시 톤센하겐에서 어린 시절을 보냈어. 서너 살쯤부터 10년 넘게 그곳에서 살았지. 어린 시절의 기억은 만화경 보는 것처럼 명확하긴 하나 일관성 없는 이미지로 가득 차 있어.

이제 그중에서 가장 명확한 이미지 하나를 이야기하려 해.

아마 일요일 한낮이었을 거야. 나는 갑자기 난생처음 세상을 보는 것 같은 느낌에 휩싸였고, 그 때문에 충격을 받았어. 마치 마법의 세계를 들여다보는 것 같았지. 새들이 지저귀는 소리는 플루트 소리와 유리 조각이 부딪치는 소리 같았어. 길에선 아이들이 늘 하는 놀이를 하고 있었지. 모든 게 동화에서나 볼 수 있는 기적처럼 여겨졌고, 나는 그 속에 있었어. 깊고 심오한 비밀, 아무도 이해할 수 없는 수수께끼 속에 있었던 것이지. 그것은 마치 백설공주, 신데렐라, 라푼첼, 빨간 망토가 등장하는 동화처럼 거품 같은 현실로 내게 다가왔어.

그 마법은 불과 몇 초밖에 지속되지 않았지만, 그 달콤한 충격은 이후에도 오랫동안 나를 떠나지 않았어. 지금도 마찬가지야.

나는 그 몇 초의 시간이 채 지나기도 전에 내가 언젠가는 죽을 것이라는 것을 깨달았어. 그것이 바로 마법의 세계에 발을 들여놓은 대가였던 셈이지.

나는 그 순간 동화의 세계에 있었다고 해도 과언이 아니었어. 마치 이룰 수 없는 소원이 성취된 것 같은 엄청난 희열도 느꼈지. 동시에, 나는 그 세계를 지나쳐 가는 방문객에 불과하다는 것을 깨달았어. 그것을 깨닫는 순간, 나는 견딜 수가 없었어. 내가 그 세계에 속하지 않는다는 사실, 내가 속할 수 있는 고정된 세계가 없다는 사실 때문이었지.

내가 그 세계에 느슨하게나마 속할 수 있는 시간은 단지 그 세계가 지속되는 동안, 또 내 생명이 지속되는 동안뿐이었어.

그곳은 나의 보금자리가 아니었어. 그곳에 속하는 존재는 요정을 닮은 비현실적인 아이들뿐이었지.

마치 꿈을 꿀 때면 혼자일 수밖에 없듯, 나는 세상에 홀로 있었어. 설사 꿈속에서 누구를 만난다 하더라도(그들은 우리의 꿈속에서 방문객 역할을 하지) 그들의 역할을 조종하는 것은 오롯이 우리에게 달려 있어. 영혼들은 서로 소통하지 않아. 그저 함께 있을 뿐이지.

나는 깨어 있는 상태에서 다른 사람들과 함께 있을 때에도 그처럼 몽롱한 거리감을 느낄 때가 있어. 그럼에도 불구하고, 나는 내가 경험한 일을 누군가에게 털어놓아야만 했지.

하지만 나는 또래 친구들에겐 아무 말도 하지 않았어. 그들에게 이것을 어떻게 설명할 수 있겠니?

우리는 등굣길에 우주 비행사 유리 가가린Yurii Gagarin에 관한 이야기를 나누었고, 근처 승마장의 경주용 말이나, 인스부르크에서 열린 동계 올림픽에 관해서도 이야기를 나누었어.

'만약 우리에게 가이거 계수기이온화 방사선을 측정하는 장치가 있다면 큰 부자가 될 수 있을 텐데… 고속도로에서 롤스로이스가 고장 난다면 헬리콥터로 정비사를 불러 그 자리에서 차를 고칠 수 있을 텐데….'

나는 또래 남자아이들에게 '산다는 것'이 이상하다고 생각하는 나 자신을 설명하고 이해시키거나, 열두서너 살에 불과한 건강한 소년이 죽는 것을 두려워한다는 말을 차마 할 수가 없었어. 그렇게 한다면, 나는 예상 가능한 형태로 잘 정립된 그들의 언어로 반박당할 수밖에 없었을 것이고, 내 말은 헛소리로 치부될 것이 분명했으니까.

그래서 나는 선생님들과 부모님을 찾을 수밖에 없었어. 그들은 삶과 죽음에 관해 더 깊은 이해력을 가지고 있을 것이라 믿었기 때문이지. 그들은 어른이었으니까.

나는 그들에게 도전했어.

"우리가 살아 숨 쉬고 있다는 것이 이상하지 않나요?" "이 세상이 존재한다는 것이 이상하지 않나요? 아니, 이 모든 것이 존재한다는 것이 이상하지 않나요?"

하지만 그들은 어린아이들보다 더 공허했어. 적어도 내가 생각하는 나 자신보다 더 비어 있는 것 같았지. 아마 그들은 나이만 먹고 어른이 되지 않았기 때문이었을지도 몰라.

그들은 마치 내가 외계에서 온 이상한 존재라도 되는 듯 물끄러미 쳐다보기만 했어.

그들은 내 말을 더 들어 보려고 하지 않았어. 심지어는 내 말에 동조도 하지 않았지. 단지 '그래, 우리가 살아 숨 쉰다는 것을 생각하면 이상하게 여겨질 때도 있어.'라고 한마디만 하면 되었을 텐데, 신비롭다는 것을 인정하기만 하면 되었을 텐데, 아니, 믿을 수 없는 일이라 소리를 쳤어도 되었을 텐데! 하지만 당시 내가 이해하기론, 그들은 오직 내가 던진 질문에 갇혀 어떤 대답을 해야 할지 갈팡질팡할 뿐이었어. 어쩌면 그들은 내가 더 많은 질문을 찾아내기 위해 무슨 짓을 할지 두려워했을지도 몰라. 그들은 단지 눈만 껌벅이며 시선을 돌릴 뿐이었어. 마음이 아팠어. 왜냐하면 나는 막 세상을 발견했고, 그 희열을 그들과 함께 나누고 싶을 뿐이었거든.

아마 그 질문을 던질 때 내가 말을 더듬었거나 불안정하고 어색해 보였을지도 몰라. 내가 그들을 귀찮게 했던 건 아닐까? 혹시 죽음에 관해 내가 간과한 것이나, 이해하지 못한 것이 있었던 건 아닐까? 사실, 나는 당시 죽음에 관해 아무것도 몰랐다 해도 과언이 아니었거든.

아니, 어쩌면 어른들은 단지 세상에 관해 이야기를 하고 싶지

17

않았을지도 몰라.

무언가 존재한다는 것! 또 무언가 존재했다는 것!

사실, 존재한다는 것 그 자체는 우리 눈에 띄지 않을 때가 많으니까.

그때는 1960년대 초였어. 대부분의 어른이 불과 엿새 만에 천지를 창조한 전지전능한 신에 대해 의구심을 품기 시작하던 때였지.

나는 천지 창조에 대해 잘 알고 있었어. 학교에서 배웠으니까. 뿐만 아니라, 종교 시간에 내준 숙제를 하기 위해 많은 것을 공부해야 했어. 시험 준비도 해야 했지. 하지만 천지 창조를 입에 올리는 어른은 아무도 없었어.

내가 물었던 것은, 종교 시간에 배운 지식과는 상관이 없었어. 사회 과목이나 지리 과목과는 더더욱 상관이 없었지. 나의 질문은, 아기가 실제로 어떻게 어머니 배 속에 자리 잡고 세상에 태어나게 되는지를 묻는 것과 마찬가지로 매우 부적절했을 뿐이었어. 물론 난 당시에 아기가 어떻게 태어나는가 하는 질문에 대한 답을 이미 알고 있었지.

나는 책장에 꽂혀 있는 책들 뒤에서 삽화가 들어 있는 책 한 권을 찾아낸 적이 있어. 그 책에는 차마 내 입으로는 말할 수 없는 이유를 바탕으로, 새 생명이 세상에 태어나는 과정이 그림으로 설명되어 있었어. 하지만 그건 세상의 질서 그 자체이지, 내가 어떻게 할 수 있는 것이 아니었어. 그 과정을 어린아이들에게 설명할 때는 최대한 모호하고 어렴풋하게 말할 수밖에 없다는 것도 깨달았지. 무슨 일이 일어나는지 아이들에게 구체적으로 밝히는 것은 피할 수밖에 없는 일이야. 왜냐하면 아이들은 부모에 대해 수치심을 갖게 되는 부담을 견뎌 낼 수 없기 때문이지. 그건 나도 마찬가지였어. 나는 그 책을 본 뒤, 유모차를 끌고 가는 어머니들을 달리 보게 되었어. 일상을 보는 나의 시선이 이전과는 달라진 계기가 되었던 셈이지.

하지만 벌건 대낮에 거실이나 부엌에 있는 부모님에게 "세상은 도대체 어디에서 시작된 것일까요?"라는 질문을 던지는 것은 더욱 어색하고 난처한 일이었어.

나는 부모님을 쳐다보며 애원하듯 한마디를 덧붙였어.

"그렇다면, 어머니와 아버지는 이 세상이 존재한다는 것이 너무나 자연스럽고 정상적인 일이라고 생각하시는 건가요?"

바로 그때, 나의 불편하고 어색한 느낌은 정점을 찍었지.

"그래, 이 세상은 너무나 자연스럽고 정상적이란다."

부모님은 세상이 완벽히 자연스럽고 정상적이라는 것을 내게 확신시켜 주었어.

뿐만 아니라, 단호한 목소리로 이렇게 덧붙이기도 했지.

"그런 것에 관해 너무 깊이 생각하는 건 좋지 않아."

'그런 것?'

나는 부모님 말을 이해할 수 있다고 생각했어. 부모님은 내가 자꾸 세상이 정상적이지 않다는 생각을 하다 보면 언젠가는 미쳐

버릴 것이라 생각했을지도 몰라.

부모님과 선생님들은 기본적으로 이 세상이 매우 일반적이고 자연스럽다고 생각하는 것이 틀림없었어. 적어도 그렇게 말했어. 하지만 나는 그들이 거짓말을 하고 있거나, 적어도 세상에 관해 잘 못 알고 있다고 확신했지.

나는 내가 옳다는 것을 알았고, 절대 어른이 되지 않겠다고 결심했어. 결코 이 세상을 당연하게 받아들이는 어른은 되지 않겠다고 말이야.

여러 해가 지난 뒤, 나는 스티븐 스필버그의 영화 〈3단계의 긴밀한 접촉Close Encounters of the Third Kind〉한국 상영 시 제목은 '미지와의 조우'을 보았어.

제목에서 알 수 있듯, 영화에서는 하늘에서 UFO를 보는 것을 1단계 접촉으로 간주해. 2단계 접촉은 우주에서 온 외계인을 직접 본 경험을 말하는 것이고, 3단계 접촉은 운이 좋을 경우 (또는 운이 좋지 않을 경우) 그 외계인과 물리적인 직접 접촉을 경험하는 것을 말해. 아! 그래서 어쩌냐고?

그날 저녁 영화를 보고 극장을 나서면서, 3단계 접촉을 경험했다 하더라도 자랑할 만한 일이 아니라고 생각했어. 나로 말할 것 같으면 4단계 접촉까지 경험한 사람이었으니까.

나 자신이 수수께끼 같은 외계인 그 자체라는 생각을 하는 순간, 온몸에 전류가 흐르는 것 같았지.

그날 이후, 나는 이 생각을 수차례 되풀이해서 떠올려 보았어.

매일 아침, 나는 내 침대의 낯선 '외계인'과 함께 눈을 떴지. 그 외계
인은 바로 나였어.

숲속에서 만난 새로운 '나'

나는 십 대에 매우 새로운 경험을 한 적이 있어. 초가을 어느 날, 홀로 깊은 숲속에 있었어. 지금도 그날 숲속에서 보았던 빨간 마가목 열매, 촘촘한 블루베리 덤불과 히스 덤불이 떠올라.

나는 보이스카우트 야영 때마다 가져갔던 녹색 침낭 속에서 눈을 떴어. 주변은 덤불로 둘러싸여 있었지. 그 순간, 지난 시간은 끝났다는 느낌이 온몸을 휘감았어.

'나는 왜 여기 있는 것일까? 아, 그렇지. 무언가를 생각하고 있었지. 그랬어. 나는 아픔을 느꼈고, 발을 쭉 뻗은 채 열린 하늘 아래서 잠들었던 거야.'

하지만 나는 눈을 뜬 뒤엔 하늘을 볼 수 없었어. 눈앞에는 짙은 안개뿐이었지. 안개 속엔 무엇이 있는지 알 수 없었어. 어쩌면 안개 속에 자리했던 건 듬성듬성한 나뭇가지뿐이었을지도 몰라. 나는 어렴풋한 새벽빛 아래서 내 발밑에 기어 다니는 조그마한 무당벌레와 거미와 개미 들을 들여다보았어.

바로 그 순간, 내가 불현듯 깨달았던 것은 나 또한 이끼와 덤불 속을 기어 다니는 그 조그마한 동물들과 마찬가지로 자연 그 자체라는 사실이었어. 뒤이어 더욱 깊은 생각이 나를 덮쳤어. 나는 내 주변에 살아 움직이는 모든 것들과 동일한 분자로 이루어져 있다는 생각, 비록 곡은 저마다 다르지만 그 서로 다른 곡들을 만들어 내는 음표는 같다는 생각.

나는 환각적인 모험의 세계에 잠깐 발을 들이는 것처럼, 단지 이 세상을 잠시 거쳐 가는 방문객이 아니라는 것을 깨달았어. 나는 물속의 물고기나 덤불 속의 거미처럼 이 세상에서 살아가기에 딱 알맞은 조건을 지닌 존재라는 것을 깨달았던 거지.

나는 나만의 집에 있었어. 이 세상에 속해 있으니까 나는 이 세상 그 자체였어. 이 사실은 나의 육체가 언젠가 이 세상을 떠난 뒤에도 진실로 남아 있을 거야….

그 순간, 말로 다 할 수 없는 평온과 평화가 나를 감쌌어. 그건 잠을 푹 자고 일어났을 때의 기분과는 거리가 멀었어. 왜냐하면 나는 전날 밤 거의 잠을 자지 못했거든. 뒤이은 몇 초의 짧은 시간 동안, 나는 나라는 존재를 벗어나 무언가 더 크고 더 따스한 것에 굴복했어. 아니, 어쩌면 그건 내가 스스로 선택한 일이었는지도 몰라. 그건 나 자신과 다른 모든 것들 사이에 영적 교류가 일어난 느낌 같은 것이었어. 정체성의 이전이라고도 할 수 있겠지. 아니, 어쩌면 그때 내게 일어난 일은 내 정체성의 재설정이라고 말할 수 있을지도 몰라. 나의 일부가 다시 자연으로 돌아간 것 같은 느낌이었으니까.

그 느낌은 몇 초밖에 지속되지 않았지만, 영원처럼 다가왔지. 그 순간은 내가 야영한 숲의 작은 공터를 둘러싸고 있는 하얀 자작나무 가지들을 알아볼 수 있을 때까지 지속되었어. 그 나무들은 내 것이었고, 그것들은 나였지. 뿐만 아니라, 나는 숲속을 기어 다니는 조그마한 벌레들에게서도 인연을 느낄 수 있었어. 무당벌레와 나 사이의 미묘한 관계는 오롯이 내게 달려 있었어. 즉 내가 얼마나 깊이 그들과 동질성을 느끼는가에 따라 달라질 수 있었던 거지.

조금 뒤, 나는 자연의 더 깊은 내부는 물론, 나 자신의 더 깊은 내면과도 접촉할 수 있었어. 몇 년이 지난 뒤에도 그때의 경험을 떠올릴 때면, 나는 다시 '원초적 또는 존재적 기반'으로 되돌아갈 수 있을 것 같았어.

나는 다시 침낭 속으로 들어갔고, 그러자 다시 이전의 나로 되돌아왔어.

서늘한 느낌이 나를 휘감았지. 온몸에 한기가 느껴질 정도로.

그래서 어떻게 되었냐고? 글쎄, 내가 그날 아침 숲속에서 경험한 것은 단지 감각적 망상이었을지도, 어쩌면 덤불 속에 누워 자다가 꾼 꿈 때문에 그런 경험을 한 것일지도, 아니면 실제로 나 자신과 세상에 관한 깨달음이었을지도 모르겠어.

인간은 살면서 수많은 경험을 하기 마련이야. 어떤 이들은 신의 존재를 경험했다고 하기도 하고, 또는 신이나 조상의 말을 들었다고 하기도 하지. 나는 지금까지 단 한 번도 그런 경험을 해 본 적이 없어.

하지만 그날 아침의 일은 내가 경험한 것 가운데 가장 중요한 회고적 시선이라 이름 붙여도 될 것 같구나. 숨 가쁜 개인주의는 모든 것과 하나가 되는 것, 또는 단지 존재한다는 그 자체만큼이나 힘든 것이 아닐까?

나는 이 질문에 관해 매우 오랫동안 곰곰이 생각해 보았어.

그날 숲속에서 나는 매우 수동적인 역할을 했어. 눈 깜짝할 사이에 다른 의식의 세계로 들어섰고, 역시 눈 깜짝할 사이에 이전의 상태로 되돌아왔으니까.

하지만 지금 다시 그때의 일을 돌이켜 보니, 내 의식의 상태적 변화는 그 자체로 매우 능동적이고 다분히 의지가 포함된 행위였다는 생각이 드는구나. 나는 원한다면 언제든지 더 큰 돛을 달고 항해할 수도 있고, 날마다 나라는 사람, 또는 내 것이라 생각하는 것보다 더 큰 일을 해낼 수도 있으니까. 적어도 한 번에 하나씩 차근차근 해 나간다면, 이처럼 자유로운 사고의 도약을 이루어 낼 수도 있다는 생각도 들어.

나는 자연 속에 존재할 뿐 아니라, 자연 그 자체라는 생각….

수수께끼 같은 남자와의 만남

나는 이른바 어른이 되기 전, 매우 강렬한 경험을 두 번 정도 했어. 이 두 가지 경험은 서로 대치되는 것이라고도 할 수 있어. 그 첫 번째 경험은 마법의 세계를 들여다볼 수 있었기에 느꼈던 달콤함과, 그 경험의 순간이 너무나 짧았기에 느꼈던 쓸쓸함을 가져다주었지. 두 번째 경험은 그로부터 몇 년이 지난 뒤, 나 자신보다 훨씬 크고 더 강력한 무언가를 내보임으로써 얻은 것이었어.

세월이 흐르면서 나는 그와 비슷한 경험을 꽤 자주 했어. 하지만 내게 현재 삶에 관해 어떤 생각과 느낌을 가지고 있는지 말하라면, 명확한 답을 할 수는 없을 것 같아. 앞서 말한 두 가지 경험 모두 현재의 내 생각과 느낌을 형성하는 데 영향을 주었거든.

우리가 더 이상 이 세상에 존재하지 않을 때를 대비하는 것은, 인간의 삶이 너무나 짧기 때문이지. 만약 인간의 삶이 무한하다면, 죽음은 우리에게 돌이킬 수 없는 손실을 의미하게 될 거야. 단지 죽음을 생각하는 것만으로도 우리는 깊은 상실감을 얻게 될 것이고, 저항할 생각도 하지 못한 채 깊은 물속에 빨려 들어가는 것 같은 느낌에 휩싸이게 될 거야.

하지만 우리는 단지 한 개인의 무리라고 말할 수는 없어. 각각의 개인은 전 인류는 물론, 우리가 살고 있는 이 지구를 대표하기도 해.

그렇게 생각한다면 이 질문을 지나칠 수 없을 것이라고 생각해.

'인류의 앞날은 어떻게 될까? 지구는 앞으로 어떻게 될까?'

이 질문의 답은 나중에 다시 생각해 보기로 하자. 나는 지금 우리를 하나로 엮어 주고 결합시켜 주는 그 무언가를 찾고 있어. 이 편지를 쓰는 이유도 바로 그 때문이지.

나는 숲속에서 오래도록 산책하면서 사색하기를 좋아했어. 특히 풀어야 할 문제가 있을 때면 더욱 그랬지. 산책하다 말고 집으로 뛰어오기도 했어. 산책하는 중에 문제가 해결되었기 때문이지.

가끔 빽빽한 나무들 사이에 서서 멍하니 개미집을 내려다보기도 했어. 작은 개미 한 마리에 집중하려 노력했지만, 그건 결코 쉽지 않은 일이었어. 왜냐하면 내가 점찍은 개미가 너무나 재바르게 이리저리 움직였기에 놓치기 일쑤였거든. 그러면 나는 또 다른 개미 한 마리를 점찍어 다시 응시하곤 했어. 그 때문에, 나는 자주 숲속에서 시간 가는 줄 모르고 멍하니 서 있곤 했지.

그 반대의 일도 해 보았어. 개미 한 마리에 집중하지 않고 커다란 개미집을 응시할 때도 있었지. 하지만 그 또한 쉽지 않았어. 개미집은 수천 마리의 개미들이 모여서 매우 복잡한 공동체적 일을 해내는 곳이었으니까. 활기로 가득 찬 각각의 개미들을 무시하고 개미집에 정신을 집중하다 보면 착시를 경험할 때도 있었어.

이때, 개별 개미를 다세포 유기체의 살아 있는 세포 하나로 간주하는 것은 좋은 절충안이 될 수 있을 거야. 물론 엄밀히 말하자면, 개미는 분열할 수 있는 유기체의 세포가 아니라, 개미집을 벗어나 독자적으로 움직일 수 있는 개별적 생명체이기 때문에 이 절충안이 옳다고는 할 수 없겠지. 개미집은 믿을 수 없을 정도로 잘 조직된 개체처럼 보이더구나. 나는 그 조그마한 각각의 생명체가 어떻게 서로 의사소통하고, 어떻게 개미집을 벗어나 어떻게 다시 (거의) 길을 잃지 않고 되돌아올 수 있는지 곰곰이 생각해 보았어.

개미집을 보면 도시 사람들을 쉽게 떠올릴 수 있어. 아니, 개미집을 통해 전 세계 사람들을 떠올릴 수도 있지.

그렇다면 우리 인류는 완전히 독자적이고 개별적인 존재의 집합체인 것일까? 그렇지 않다면, 우리 개개인 사이에는 눈에 보이지 않는 어떤 연결 고리가 존재하는 것일까?

다시 숲속으로 가 보았어. 키 큰 나무들 사이에 자리한 비좁은 오솔길을 걸었지. 오솔길은 시냇물을 따라 나무가 우거진 계곡까지 이어져 있더구나. 그 울퉁불퉁한 오솔길은 이전에는 걸어 본 적이 없는 곳이었어.

눈앞에 새로운 풍경이 펼쳐지자 내 머릿속에도 새로운 생각들이 하나둘 떠오르기 시작했어. 나는 발걸음을 옮기며 나만의 생각에 빠져들기 시작했지. 문득 생각한다는 행위를 할 수 있다는 사실이 놀랍기만 하더구나.

'도대체 내 머릿속에 있는 신경 세포들을 움직이는 것은 무엇일까? 그것도 무려 수천 억 개나 되는 신경 세포들을!'

그때 한 남자가 내 곁으로 다가왔어. 키도 크고 몸집도 큰 사람이었어. 그는 고개를 갸우뚱하며 나를 탐색하듯 내려다보더니, 한마디를 던졌어. 그 말은 그가 내 생각을 꿰뚫어 보았다는 것 말고는 달리 해석할 길이 없었지.

"우리 은하에는 수천억 개의 별이 있지요."

나는 깜짝 놀라, 그의 깊고 푸른 눈동자를 바라보았어. 그가 다시 나를 뚫어지게 쳐다보았어. 아니, 그 순간 그가 실제로 했던 것은 무엇일까?

그가 다시 말을 잇더구나.

"하지만 우리 은하는 드넓은 우주에 있는 천억 개의 은하 가운데 하나일 뿐입니다…."

그는 가볍게 고개를 끄덕인 뒤, 성큼성큼 걸어서 나무들 사이로 사라졌어.

나는 꼼짝도 할 수가 없었어. 난생처음으로 내 생각을 읽을 수 있는 사람을 만났다는 생각 때문이었지. 의심의 여지가 없었어! 그 낯선 남자는 방금 내 머릿속에 들어왔다 나갔다는 것을 보여 주기 위해 내게 접촉했던 것이 틀림없다는 생각을 떨칠 수가 없었지.

불편하거나 거북한 느낌은 전혀 없었어. 그저 좋기만 했지. 오히려 그와 마주친 뒤엔 강렬한 기쁨까지 느꼈단다.

그 일로 모든 것이 바뀌었어. 나는 새로운 시대가 시작되는 문턱에 서 있는 것 같았어. 사고와 감정의 새로운 시대 말이야.

내가 단지 피와 살로 이루어진 존재가 아니라 그 이상의 존재, 즉 영혼 공동체의 일부라는 것을 깨달았어. 그리고 엄청난 희열을 느꼈지.

아직도 그 순간을 잊을 수가 없어. 너무나 강렬한 기쁨과 희열을 맛보았기 때문이지.

조금 뒤 나는 잠에서 깼어. 수수께끼 같은 남자와의 만남은 그저 꿈이었던 거야.

하지만 그가 잠시나마 내 머릿속에 있었다는 생각을 떨칠 수가 없었어.

가만히 자리에 누워 무언가에 홀린 듯 들떠서 울퉁불퉁한 천장을 바라보았지만, 실망감과 좌절감이 스멀스멀 고개를 드는 건 어쩔 수 없었어.

머릿속에 블랙홀이 생겨 모든 생각이 빨려 들어간 것 같았어. 꿈의 이미지만큼 뇌의 한계를 벗어나는 것은 없다는 생각도 들더구나.

나는 생각이 영혼들 사이에서 자유롭게 움직이는 것이 아니라는 것을 깨달았어. 세상은 그것을 허용하지 않는다는 것도.

*

사랑하는 레오, 오로라, 노아, 알바, 율리아, 마니. 너희는 지금
쯤 내게 속았다는 생각을 하고 있을지도 모르겠구나. 그래, 내 생
각을 꿰뚫어 본 남자에 관한 이야기는 그냥 꿈이었어. 하지만 나는
내 경험을 있는 그대로 말한 것이기 때문에 양심의 가책을 느끼진
않아.

나는 꿈속에서 몸집이 큰 낯선 남자를 숲속 오솔길에서 만났
고, 그는 내 생각을 꿰뚫어 보는 듯한 말을 했지. 하지만 그의 말과
행위는 처음에 느꼈던 만큼 그다지 인상적이진 않았어. 그렇게 영
혼이 충만하고 감성적인 만남은 그냥 내 꿈속에서 일어난 일이며,
키 큰 낯선 남자는 단지 내 꿈속에 방문객으로 나타났을 뿐이라는
생각이 스쳤기 때문이야.

엄밀히 말하자면, 그가 내 생각을 읽은 것이 아니라 내가 그의
생각을 읽었다고 해야 하지 않겠니? 꿈에서 나는 나도 모르게 그
가 내 생각을 읽는 척하는 연극을 하고 있었던 거야. 그렇게 따진
다면, 나는 나 자신에게 속아 넘어갔다는 말을 할 수도 있을 것 같
구나. 왜냐하면 꿈속에서 내 생각을 읽은 사람은 그가 아니라 바로
나 자신이었으니까. 그 꿈속에서의 우리는 각각의 분리된 존재라
할 수 없었어. 그렇게 느껴졌던 것은 꿈의 장막이 만들어 낸 상상
의 산물이라 할 수 있겠지.

지금 나는 이 지루한 설명 때문에 너희가 흥미를 잃지 않았기

31

만을 바라. 나선형의 은하에 자리한 한 행성에 사는 인류의 의식은 여전히 우주의 가장 큰 수수께끼로 여겨지고 있지. 인간의 뇌 속에는 은하에 있는 별의 개수만큼이나 많은 신경 세포들이 있단다.

한 가지 덧붙여 말하자면, 나는 지금껏 오랜 세월을 살아왔고 수많은 사람을 만나 왔는데도, 깨어 있는 상태에선 단 한 번도 텔레파시의 형태를 띤 경험을 해 본 적이 없어. 예를 들어, 나는 기차나 비행기를 타고 여행하는 도중 옆자리에 앉은 승객들과 대화를 나누면서도 그들이 내가 무슨 생각을 하고 있는지 알고 있다는 느낌을 받은 적은 한 번도 없어. (내 주변에 있는 사람들이 항상 내 생각을 꿰뚫어 보고 있다면 얼마나 불편하고 거북할까!)

내가 지구 반대쪽에 앉아 있을 때, 우리 나라 노르웨이나 우리 집에 큰 일이 일어난 적도 있었지만, 단 한 번도 텔레파시를 통해 그 사실을 알게 된 적은 없었어.

나는 너희 할머니와 50년 가까이 같은 식탁, 같은 침대를 사용하며 살아왔어. 너희 할머니는 내가 곰곰이 생각에 빠져 있을 때 귀신같이 알아내곤 했지. 하지만 내가 슬픈 생각에 빠져 있는지, 기쁜 생각에 빠져 있는지는 몰랐어. 즉 너희 할머니는 내가 무슨 생각을 하는지 '정확히' 알아내진 못했다는 말이야. 내가 아는 한, 너희 할머니와 나는 단 한 번도 같은 꿈을 꾼 적이 없단다.

만약 텔레파시가 존재한다면, 시험 감독관은 커닝하는 학생들을 어떻게 막을 수 있을까? 시험 중에는 텔레파시 능력을 모두 차단해야 한다는 법은 없잖아.

그런데도 나는 텔레파시 능력이 자연법칙을 거스르는 것이 아닌, 진정한 형태의 현상일 수도 있다는 것을 강조하고 싶어.

만약 자연계가 조금 달랐더라면, 인간의 두뇌 또는 일부 개인의 두뇌가 매우 가까운 관계에 있는 사람들끼리만이라도 일종의 라디오 주파수처럼 작용한다면, 우리는 과학적 가정을 재정립할 필요도 없을 것이고, 그것이 과학적 세계관에 위배된다고도 생각하지 않을 것 같구나. 단지 텔레파시 현상에 관해 좀 더 깊은 연구를 하고, 그것이 자연적 현상이라는 근거를 마련하기만 하면 되겠지. 그렇다면 인간의 텔레파시 능력은, 비록 지금 인간과 동물의 감각 능력을 제한한다 하더라도, 박쥐들의 반향 정위 능력음파로 위치나 지형지물을 파악하는 능력과, 철새들의 방향 감각 능력, 다른 모든 자연의 경이로운 일들과 마찬가지로 자연스럽게 받아들일 수 있을 거야.

먼 친척이든 가까운 가족이든 가족 구성원의 생각을 읽을 수 있는 능력은 실질적으로 상당한 장점이 될 수 있다고 생각해. 예를 들어, 텔레파시 말고는 의사소통할 방법이 없는 상황에 처해 있다면, 특히 위기 상황에서 큰 도움을 받을 수 있겠지.

"아들아, 지금 이 순간 네가 살아남을 수 있는 방법에 관해 텔레파시를 보낼 테니 집중하길 바란다."

텔레파시를 이용해 의사소통하는 능력이 진화생물학적 관점에서 유리한 자리를 차지했을 가능성을 상상하는 것은 그리 어렵지 않을 것 같구나. 따라서 이 능력은 쉽게 다음 세대로 유전될 수 있었을 거야. 그렇다면 세월이 흐를수록 집단 내에 이러한 능력을 가진 사람들 수는 자연스럽게 점점 늘어날 것이고, 반면 이러한 능력을 가지지 못한 사람들은 도태될 수밖에 없겠지.

하지만 20세기에 들어오면서 텔레파시에 관해 철저한 과학적 검토가 이루어졌고, 결국 이 능력은 존재하지 않는 것으로 결론이 났어. 즉 텔레파시라는 것은 경험적 근거가 불충분한 현상이며, 무의미한 과학적 가정에 불과하다는 것으로 정의되었지. 현재, 타인의 생각을 읽는 행위는 마술사들 또는 가족 구성원 사이의 오락 정도로 치부되고 있을 뿐이란다.

물론 군사 정보기관에서도 텔레파시의 이용 가능성에 대해 철저하게 검증했어. 하지만 그 결과는 매우 실망스러웠지. 만약 텔레파시 능력이 과학적으로 검증되고 입증되었다면, 전 세계의 뇌과학 연구자들이 앞다투어 몰려들었을 거야. 하지만 아직까지는 인간의 텔레파시 기능과 관련하여 어느 누구도 물리학이나 의학 분야에서 노벨상을 받은 적이 없단다.

그렇다고 해서 텔레파시가 명백한 현상으로 존재할 수도 있다는 사실은 배제할 수 없어. 어떤 현상을 감지할 수 없다고 해서 그 현상이 존재하지 않는다고 단언할 수는 없으니까.

한때 '검은 백조'라는 개념은 불가능한 것의 상징으로 여겨졌어. 왜냐하면 당시 사람들은 백조는 모두 흰색이라고 믿었기 때문이지. 하지만 불가능을 상징했던 이 개념은 17세기 오스트레일리아에서 한 유럽인이 검은 백조를 발견한 뒤 자취를 감추었어.

시계들이 열어 준 세상의 문

　나는 어렸을 때 마술에 큰 흥미를 느꼈어. 아마도 이러한 흥미는 우리 할아버지, 즉 너희 고조할아버지에게서 물려받은 것일지도 몰라. 우리 할아버지는 내가 여덟 살이 되기 전에 돌아가셨어. 그러니 할아버지는 세상을 떠난 뒤 60년이나 지난 오늘, 내가 당신의 고손자인 너희에게 이 편지를 쓰리라는 건 살아생전에 짐작도 못 하셨겠지. 물론 할아버지는 먼 훗날, 당신의 후손이 태어나 이 땅에 살게 되리라는 것을 어렴풋이 짐작하셨을 거야. 그들은 바로, 레오, 오로라, 노아, 알바, 율리아, 그리고 마니, 너희란다!

　할아버지는 곧잘 아무것도 없는 허공이나, 우리의 귀 뒤에서 동전 조각을 만들어 내는 마술을 부리곤 하셨어. 반대의 마술도 마찬가지였지. 눈 깜짝할 사이에 손에 들고 있던 동전을 어디론가 사라지게 만드는 마술도 보여 주셨어. 그렇게 마술을 보인 뒤엔 늘 우리에게 동전 하나씩을 나누어 주셨지.

　바로 그 때문에 우리는 할아버지 댁을 방문할 때마다 마음이 들떴어. 믿기 어려운 할아버지 마술도 보고, 마술에 사용된 동전

35

도 얻었으니 일석이조였던 셈이지. 동전 한 닢이라 해도 당시에 가치는 상당했거든. 1크로네 동전 하나가 100외레나 되었으니 말이야. '크로네'와 '외레'는 노르웨이의 화폐 단위 은행에 가서 1크로네 동전 하나를 주면 반짝거리는 조그만 외레 동전을 100개나 얻을 수 있었어. 동전을 바꾸어 준 은행 직원들이 짜증을 냈었는지는 기억이 나지 않는구나.

우리에게 할아버지의 1크로네짜리 동전은 평범한 동전이 아니라 마법의 동전이자, 공짜로 얻을 수 있는 돈이기도 했어. 우리는 할아버지가 동전 만들어 내는 마술을 부릴 줄 아니, 할아버지의 지갑이 축날 이유는 없다고 믿었어. 단지 할아버지는 마술을 부리기 위해 조금 애를 쓸 뿐이라고 생각했지. 그런데도 할아버지의 동전은 물건을 살 수 있는 다른 동전과 똑같은 구매력을 지니고 있었어. 당시에도 요즘 시대의 암호 화폐에 비교할 수 있는 것이 존재했던 셈이라고나 할까.

할아버지는 일요일에만 동전 마술을 부렸어. 물론 일요일마다 마술을 부린 건 아니었어. 할아버지는 시계 수리공이었고, 당시 헤그데헤우스베이엔 거리의 아래쪽 모퉁이에 시계를 수리하는 작은 가게도 하나 운영하고 있었지. 그 가게는 현재 옷 가게로 바뀌었지만, 여전히 커다란 시계가 간판 옆에 걸려 있어.

우리는 할아버지 작업실을 찾아가 손목시계의 시곗바늘이 어떻게 움직이는지 보곤 했어. 조그마한 용수철과 톱니바퀴들이 쉬지 않고 움직이는 것을 보고 있으면, 마치 조그마한 벌레들이나 이름을 알 수 없는 곤충들이 빽빽이 모여 있는 모습이 떠올랐어. 오밀조밀하고 섬세한 시계 장치를 들여다보노라면 우주의 가장 큰 신비 속에 발을 들여놓는 것만 같았어. 그 신비의 세계를 감독하고 조종한 사람은 다름 아닌 바로 우리 할아버지였단다.

할아버지 시계 공방을 구경할 때 가장 재미가 쏠쏠했던 것은 시각마다, 그중에서도 매일 정오가 되면, 벽시계는 물론 창고에 있는 시계들까지도 동시에 시간을 알려 주는 장면이었어. 물론 뻐꾸기시계 안의 뻐꾸기들도 머리를 내밀고 이구동성으로 울었지. 너희도 짐작하겠지만 모든 시계가 동시에 시간을 알리진 않았어. 어떤 시계들은 시계 종소리 콘서트가 시작되기 몇 초 전에 시간을 알렸고, 어떤 시계들은 멈칫멈칫 몇 초를 기다렸다가 시간을 알렸지. 어쩌면 그런 작은 부정확성 때문에 더 흥미를 느꼈는지도 몰라. 모든 시계가 저마다 시간을 알린 뒤, 뒤늦게 느릿느릿 울리는 시계 종소리를 들을 때마다 우리는 배를 잡고 웃었어. 할아버지는 시계들을 주의 깊게 지켜보았어. 아마 할아버지는 우리가 공방을 나선 뒤에 정확하지 않은 시계들을 하나하나 둘러보며 시간을 맞추었을 거야. 매일 오후에 할아버지가 하는 일이 바로 그것이었지.

할아버지에 관해 꼭 짚어야 할 중요한 이야기가 있어. 내가 어른이 된 뒤, 할아버지를 떠올리며 늘 너희에게 해 주고 싶었던 이야기야. 할아버지와 할머니의 집 거실에는 도시의 풍경을 그린 그림 한 점이 걸려 있었어. 그 그림 한가운데에는 교회 첨탑이 있고, 첨탑

한가운데에는 으레 그러하듯 커다란 시계가 있었지. 그런데 그 시계는 그림이 아니라 진짜 시계로, 보통 손목시계보다 조금 큰 것이었어. 할아버지와 할머니의 피아노 위에 걸려 있던 그 그림은 예술 작품으로서의 역할뿐 아니라, 시계라는 실용적 역할도 했어. 그 그림에서는 할아버지가 중요하게 생각한 모든 것을 찾아볼 수 있었어. 도시의 풍경, 교회, 그리고 시계.

나는 이것들을 나의 소설, 《수상한 빵집과 52장의 카드Kabalmysteriet》와 《크리스마스 미스터리Julemysteriet》뿐 아니라 〈질문 상자〉나 〈세상 속의 세상〉 같은 단편에서도 언급한 적이 있어. 그리고 배경 가운데 일부가 할아버지와 할머니의 거실 피아노 위에 걸려 있던 그림이 아닐지 자문해 보곤 했지. 물론 할아버지 공방에 있는 시계들이 열어 준 비밀스러운 세상의 문도 매우 중요한 역할을 했던 것이 틀림없어.

내가 말하고 싶은 것은, 할아버지의 동전 마술 때문에 나 또한 아마추어 마술사가 되었다는 사실이야. 오늘날 '손재주'라고 일컫는 그것은 몇 년 동안 시계 수리공으로 일한 할아버지의 경험과 관련이 있을 거야. 실제로 마법의 손을 가진 사람이 존재한다면 그건 바로 우리 할아버지라고 할 수 있겠지.

나는 마술에 집착한 나머지 할아버지가 세상을 떠난 뒤에도 연습에 연습을 거듭했고, 마침내 부모님과 형제들 앞에서 간단한 마술 쇼도 할 수 있게 되었어. 처음에 내가 사람들 앞에서 펼친 몇 가지 마술은 책에서 배우거나 다른 이들의 마술을 보고 흉내 낸 것에 불과했어. 하지만 마침내 나는 아주 정교한 마술을 고안해 냈단다. 마술에 대한 나의 열정은 당시 도시에서 가장 잘 알려진 마술용품 가게를 드나들면서 새로운 차원으로 발전했지.

나는 이미 그때부터 '마술'이 조작이나 속임수에 불과하다는 것을 깨닫기 시작했어. 점잖은 말로 하자면 환상이라고도 할 수 있겠지. 그런데도 학교의 성탄절 파티 등에서 몇몇 전문 마술사들의 쇼를 볼 때 조작이나 속임수의 낌새를 전혀 느낄 수 없기에 당혹스럽기도 했어. 사실 마술은 바로 그런 것이 아니겠니. 마술을 통해 무언가 초자연적인 것을 경험한다고 우리 자신을 속이는 것 말이야.

미래를 정확히 예측할 수 있다면

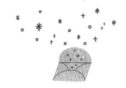

십 대 초반에 이르렀을 때, 마술에 관한 나의 관심은 초심리학으로 옮겨 갔어. 초심리학은 생각을 전달하는 텔레파시, 미래를 볼 수 있는 예지력, 또는 정상적인 방법으로는 알아낼 수 없는 것을 꿰뚫어 보는 투시력 등을 포함하고 있지. 이런 능력들을 끌어 낼 수 있는 사람들을 '심령술사'라고 부르기도 해.

이 세 가지 현상(이것들이 현실적이라 할 경우)은 모두 ESP extrasensory perception, 즉 초감각적 지각에 속해. 내가 어렸을 때 읽은 일련의 책들에서는 ESP라는 것은 초감각적 지각 또는 초능력을 의미한다고 했어. 하지만 엄밀히 말하자면 이러한 개념은 조금 억지스러운 감도 없지 않아. 어쩌면 외계적 인식이라 말하는 게 더 좋을지도 모르겠구나.

문제는 우리의 감각 기관을 사용하지 않고도 미래에 관해 알아낼 수 있는 통찰력이 있는지의 여부야. (이 경우, 일기 예보나 그와 비슷한 형태의 미래 예측 방식은 제외하는 것이 좋을 것 같구나.)

만약 미래를 정확히 예측할 수 있다면, 그건 외계적 인식으로만 가능할 거야. 왜냐하면 시간은 한 방향으로만 흐르기 때문이야. 물리학자들도 왜 시간이 앞으로만 흐르는지 설명하지 못해. 물리학에서 가장 작은 입자들조차 시간을 역행해 움직일 수는 없어. 100만 분의 1초라고 해도 시간이 거꾸로 흐르는 것은 불가능하지. 그건 빛의 흐름도 마찬가지야.

이 세 가지 현상 외에 정신적 또는 심리적 수단을 통해 물리적 개체에 영향을 미치는 것을 염력이라고 해. 염력도 초심리학에 포함된다고 볼 수 있어.

야치다섯 개의 주사위를 던져 점수를 내는 놀이에선 다섯 개의 주사위가 모두 6으로 떨어졌을 때 가장 높은 점수를 얻잖아! 너희도 주사위 놀이 할 때, 가끔 마음속으로 정해 놓은 숫자가 떨어지는 경우를 경험한 적이 있을 거야. 만약 이것이 우연이 아닌 실제적으로 일어난 현상이라면, 염력이라고 할 수 있겠지.

그렇다면 초심리학은 단지 희망을 거는 것이 아니라, 실제로 우리가 조종할 수 있는 영역이라 할 수 있을까?

내가 이렇게 말하는 까닭은 초심리학의 역사적 바탕에는 인간이 죽어서 육체가 없어지더라도 남아 있을 자유로운 '영혼' 또는 '정신적 영'이 있다는 가능성을 증명하거나, 또는 최소한 그러한 가능성을 만들어 내고자 하는 열망이 깔려 있기 때문이야.

우리는 지난 세기에 두 번의 세계 대전을 경험했고, 그 때문에 수많은 사람이 목숨을 잃었을 뿐 아니라, 사랑하는 이와 지인들을 떠나보내야만 했어. 아마 그 때문에 초심리학에 관한 관심이 더욱

커졌을지도 모르겠구나. 여기에 더해, 나는 이 세상에서 덧없는 방문객으로 살 수밖에 없다는 사실 때문에 우울했지. 내가 초심리학에 흥미를 가졌던 것은 바로 그 때문일 거야.

나는 세상의 갖가지 기이한 현상들이 여전히 학문적 개방성을 바탕으로 논의되는 초심리학에 관해 수많은 책을 읽어 보았어. 노르웨이에서는 하랄 시엘데루프Harald Schjelderup가 초심리학적 현상을 주제로 《숨겨진 인간Det skjulte menneske》(1961)이라는 책을 펴낸 적이 있어. 그는 철학 입문의 필독서라고 할 수 있는 《심리학 입문Innføring i psykologi》도 썼지.

오늘날은 상황이 많이 달라졌어. 우리 인간은 여전히 스스로 믿고 싶은 것을 믿을 수 있는 권리가 있지만, 학술 기관에서는 초심리학적 현상에 관해 어떤 종류의 과학적 증명도 찾아볼 수 없다는 데 사실상 동의하고 있어.

그런데도 우리 주변에서는 여전히 '초자연적' 경험을 했다는 사람들을 볼 수 있어. 하지만 그들의 이야기는 학자들에게 외면당하고 있지. 그건 그들의 이야기를 이루는 가장 중요한 바탕이 인간의 희망적 사고에 불과하기 때문일 거야. 나는 더 이상 그런 종류의 이야기에 믿음을 가지지 않지만, 여전히 '초자연적 현상'에 관한 책을 읽을 때가 있어.

초심리학적 현상을 옹호하는 사람들은 그러한 현상이 자연적이거나 비인과적이기 때문에 과학적 방법으로 증명할 수 없다고 말해.

이제 ESP가 무엇인지 알았으니 관련 영화에 관해 잠시 이야기 해 보는 것도 좋을 것 같구나. 나는 이 영화가 심리 스릴러물인지 순수한 폭력물인지는 한마디로 단정할 수 없어. 어쩌면 둘 다일 수 도 있겠지. 하지만 이 영화는 장르에 관계없이 B급 영화인 것은 분 명해.

우아한 옷차림을 한 남자와 여자가 전용 카지노의 대리석 계단 을 올라가고 있었어. 남자는 가슴에 하얀 실크 손수건을 꽂은 턱시 도를 입었고, 여자는 검은색 진주 장식이 달린 새빨간 드레스 차림 에 묵직하고 커다란 보석 목걸이를 걸고, 팔찌를 끼고 있었지.

계단 위쪽에 멈춰 선 그들은 출입문 옆의 기둥에 붙어 있는 작 은 알림 팻말을 곁눈질로 슬쩍 보았어. 카메라는 팻말을 확대해서 보여 주었지. 거기에는 이렇게 적혀 있었어.

"초능력을 가진 사람들의 카지노 출입을 금지합니다."

다음 순간 카메라는 여자의 얼굴을 담았지. 옆에 서 있던 남자 에게 찡긋 윙크하는(카메라를 향해서 윙크한 것일지도 모르겠구나.) 여자의 빨간 입가에는 장난스러운 미소가 번졌어. 남자는 결심했다는 듯 단호하게 고개를 끄덕인 뒤, 입에 물고 있던 담배를 모래로 채워진 도자기 재떨이에 던져 넣었지.

영화 속 악당이든, 영웅이든 두 사람은 천장에서 바닥까지 온 통 거울 천지인 널찍한 방으로 안내되었어. 그곳에 있던 이들은 두 사람을 처음 보는 것 같았어. 웨이터는 반짝이는 은쟁반 위에 샴페 인 잔을 얹어 두 사람에게 다가갔지.

뒤이어 두 사람이 룰렛 게임에서 거금을 벌어들이는 모습과 함께 걱정이 짙어지는 딜러의 표정을 보여 줘. 룰렛 휠에 칩을 거는 사람은 항상 여자였지. 그녀는 서른여섯 개 룰렛 휠 중 하나에 항상 산더미 같은 칩을 걸었고, 한 번도 빠짐없이 이겼어. 그녀는 마치 구슬이 룰렛 휠의 어느 칸에서 멈출지 미리 알고 있는 것만 같았어.

그녀에게 정말 특별한 능력이 있었던 것일까? 그녀에게 정말 구슬이 룰렛 휠의 어느 칸에 멈출지 알아차리는 예지력이 있었던 것일까? 아니면, 그녀는 손을 대지 않고도 구슬을 마음대로 움직이는 염력을 발휘한 것일까?

영화는 두 개의 시나리오 중 하나를 택해 이야기를 이어 갔어. 즉 그들에게 일어난 모든 일은 설명 가능한 것이라는 시나리오를 택한 거야. 영화의 마지막에선 마술에서의 속임수와 마찬가지로 여자와 딜러가 사전에 짜고 게임을 했다는 것을 보여 줘. 만약 그러지 않았다면, 그 영화는 코미디 영화로 남을 수밖에 없었을 거야.

그 영화는 초능력이 존재하지 않는다는 전제하에 만들어진 것이었어. 실제로 초능력을 가진 사람은 출입을 금한다고 정중하게 팻말을 걸어 놓은 카지노는 없어. 그런 팻말은 아예 필요 없기 때문이지.

우연의 일치일까, 초자연적 현상일까

숨겨진 힘이나 초자연적 현상에 관한 관념, 즉 비술祕術 또는 신비주의는 초심리학의 범주에 속하지 않아.

태어나는 시각의 천체 위치가 우리의 삶과 운명을 정한다는 고대의 개념, 즉 점성술은 지금도 많은 사람이 믿고 있어. 하지만 점성술을 비롯한 신비주의에는 확실한 믿음과 예능적 요소를 넘나드는 유동적인 경계선이 자리하고 있어.

일반적으로 점占은 주로 불분명한 것을 해석한다는 특징을 지니고 있어. 천체의 위치, 새가 날아가는 방향, 손금, 커피 찌꺼기에 생기는 무늬, 또는 카드의 차례 등등을 그 예로 들 수 있지.

나는 마술사로 꽤 큰 성공을 이루었던 열 살에서 열한 살쯤부터는 이러한 것들을 믿지 않았어. 하지만 이제는 병원 대기실 같은 곳에 앉아 차례를 기다리며 어떻게든 지루함을 이겨 내야 할 때, 그곳에 놓인 잡지를 뒤적이며 점성술을 바탕으로 한 오늘의 운세 같은 것을 볼 때도 있어.

우리 시대의 많은 사람들은 초자연적인 것에 대한 마지막 희망 때문에, 초자연적인 현상을 이른바 동시성이라 불리는 '우연의 일치'와 연결시키기도 하지.

동시성의 개념은 심리학자 카를 구스타프 융Carl Gustav Jung이 고안해 냈어. 그는 "서로 다른 두 가지 일이 인과성이 없는데도 의미 있는 우연을 만들어 내는 것." 또는 "인과 관계가 없는 두 개 이상의 일이 동시에 일어나면서 결과적으로 동일하거나 유사한 의미를 지니는 것."이라고 정의했어.

살다 보면 한 번쯤 그처럼 놀라운 우연의 일치를 경험하기도 하지. 이런 일은 믿을 수 있는 것을 필요로 하는 우리 인간의 본성 때문에, 실제로 일어난 것보다 훨씬 자주 경험한 것처럼 느껴질 수도 있어. 복권 당첨된 사람이, 그 복권이 유독 눈에 띄더라고 하는 것과 같은 이치라고 할 수 있지.

초심리학과 동시성을 함께 다룬 책 가운데 아서 쾨슬러Arthur Koestler가 쓴《우연의 근거The Roots of Coincidence》(1974)가 널리 알려져 있어. 쾨슬러는 많은 이가 초자연적 현상이라 인식하는 것들을 새로운 물리학적 관점과 연결시킨 사람이야. 그는 원자 물리학과 이 세상을 심령적으로 다룸으로써 초자연적 현상에 믿을 만한 설명을 제공하려고 노력했어. 하지만 오늘날 대부분의 사람들은 이러한 시도조차 쓸모없는 것으로 간주하고 있지. '외계적 지각 능력'을 실제적인 것으로 간주하는 요소는 원자 물리학에서 전혀 찾아볼 수 없기 때문이야.

인류의 역사만큼 오래된 또 다른 초자연적 현상은 이른바 유령이나 귀신, 또는 천사나 요정 또는 트롤이야. 최근에는 세상을 떠난 망자와 접촉할 수 있다는 개념이 특히 심령술 분야에서 만연하고 있지.

교령회라는 강령술 모임에서는 산 사람들이 이른바 영매의 도움을 받아 죽은 이의 혼령과 교류를 시도하기도 해. 하지만 이러한 심령술과는 관계없이 세상을 떠난 이들, 또는 외계 등에서 온 초자연적 존재를 보았다고 하는 사람들 이야기도 자주 들을 수 있어.

나는 《피레네의 성Slottet i Pyreneene》이라는 소설에서 이러한 현상들을 다루었어. 남녀 주인공인 스테인과 솔룬은 오래전 깊은 사랑에 빠져 함께 살았어. 어느 날 두 사람은 함께 차를 타고 여행하다가 설명할 수 없는 기이한 현상을 경험했지. 하지만 그 현상을 두고 각각 서로 다른 해석을 하는 바람에 결국 헤어지게 돼.

몇 년이 흐른 뒤, 두 사람은 기이한 현상을 경험한 장소에서 우연히 다시 만나게 되었어. 우연이라고 하기엔 참으로 절묘했지! 그후, 두 사람의 대화는 다시 서로 다른 두 세계관에 바탕을 둔 채 이루어지고, 결국 두 사람은 또 다른 기이한 우연에 맞부딪치게 된단다….

나는 이 책에서 솔룬의 영적 해석보다 스테인의 자연 과학적 해석에 더 큰 비중을 두었다고는 생각지 않아. 어쨌거나 소설의 결말에서 마지막 주장을 펼치는 사람은 솔룬이었거든.

나는 이 이야기를 통해 무엇보다도 사람들이 풍부한 믿음을 가질 수 있다는 것과, 때때로 우리는 주변에 실제로 일어나는 것보다 훨씬 많은 것을 '볼 수 있다'는 말을 하고 싶었어.

언젠가 나는 미신과는 전혀 관계가 없는 줄 알았던 한 친구와 이러한 것들에 관해 대화를 나눈 적이 있어. 그녀는 자신이 가끔은 옳지 않을 때도 있다고 말하며, 주저하듯 이야기를 이어 갔지. 그녀는 점점 자신의 이야기에 깊이 빠져들었어.

그녀는 사귀던 사람과 헤어진 뒤 상실감을 견디지 못해 산속 작은 오두막에서 며칠을 보낸 적이 있다고 했어. 어느 날 무심코 창밖을 바라보던 그녀는 기이한 형상의 생명체 둘이 휙 지나가는 것을 발견했다는 거야. 그중 하나는 다른 하나보다 키가 조금 더 컸지만, 둘 다 숲속의 정령처럼 자그마했대. 그녀는 그들을 뚫어지게 바라보았는데, 그 기이한 존재들은 몇 초 후에 연기처럼 사라지고 말았대.

그녀는 그들의 키가 비교적 작은 건 확실하게 알 수 있었다고 했어. 왜냐하면 정원의 빨랫줄 높이가 겨우 1미터 정도였는데, 그 기이한 존재들은 몸을 숙이지도 않고 매우 자연스럽게 빨랫줄 아래를 지나갔기 때문이래.

나는 그녀의 이야기에 귀를 기울였어. 그녀는 자신이 경험한 일과 그 기묘한 분위기를 매우 생동감 있게 그려냈지. 나는 그녀의 이야기가 아름답고 감동적이라 느꼈을 뿐 아니라, 그녀의 말이 진실이라고 확신했어.

한참 뒤, 나는 그녀에게 질문을 던졌어. 그건 나 자신에게 던지는 질문이기도 했지.

"만약 그 순간 손에 비디오카메라가 있었다면 눈앞의 장면을 촬영할 수 있었을까?"

당시는 스마트폰이 나오기 전이었어.

그녀는 한참 동안 무표정한 얼굴로 앉아 있다가 조심스레 고개를 저으며 말했어.

"아냐, 그러지 못했을 것 같아…."

나는 그때 그녀가 무언가를 천천히 깨달아 가는 과정에 있다고 생각했어.

우리는 종종 자신의 눈으로 직접 보기 전에는 믿을 수 없다는 말을 자주 하지. 하지만 직접 본다 하더라도 그것을 전적으로 믿을 필요는 없어.

나는 혼령을 봤다고 말하는 사람들 중에도 거짓말을 하는 사람은 없다고 생각해.

너희가 세상에 태어나기 훨씬 전에 쓴 《거울 속의 수수께끼Iet speil, i en gåte》라는 책은 이야기 속의 이야기를 담고 있어. 할아버지 댁 피아노 위에 걸려 있던 오래된 그림 속의 교회 시계탑처럼 말이지.

세실리에 스코트부는 오랜 지병 때문에 매일 침대에 누워 시간을 보냈어. 사람들은 그녀가 얼마 가지 않아 세상을 떠날 것이라고 믿었지. 우리는 책에서 그녀의 주변인들, 즉 아버지와 어머니, 오빠

라세, 외할머니와 외할아버지, 그리고 친구인 마리안네의 일상을 들여다볼 수 있어. 세실리에는 항상 침대에 누워 있었는데, 밤이 되면 천사 아릴이 그녀를 찾아왔지.

아릴은 세실리에를 통해 피와 살로 이루어진 인간의 삶에 관해 알고 싶어 했고, 세실리에는 아릴을 통해 천상 세계의 비밀을 알아내고 싶어 했어. 이야기가 전개되면서 하늘과 땅, 시간과 영원의 만남이 이루어진단다….

'세실리에는 정말 천사를 만난 것일까? 아니, 작가는 정말 그런 일이 있을 수 있다고 믿은 것일까?'

나는 이러한 질문에 수차례나 답해야만 했어. 하지만 답하기에 그다지 어려운 질문은 아니었어.

나는 그 이야기가 천사의 존재와 관련된 믿음을 전제로 했다고는 생각지 않아. 하늘과 땅의 만남을 다룬 그 독특한 이야기는 단지 세실리에의 머릿속에서만 펼쳐진 것일 수도 있어. 예를 들어, 그녀가 잠잘 때 꿈속에서 펼쳐진 이야기일 수도 있다는 말이지. 게다가 그녀는 약 때문에 정신이 몽롱한 상태였으니, 시간과 영원 사이의 뚜렷한 차이를 구별할 수도 없었을 거야.

당시 나는 매우 중요한 두 가지 사항을 늘 염두에 두고 책을 썼어. 그 하나는 세실리에의 가족과 친구들이 아릴의 존재에 관해 전혀 몰라야 한다는 것이었지. 만약 그들이 아릴의 존재를 눈치챈다면 이야기를 망칠 것이 분명했으니까. 다른 하나는 더욱 중요한 것이라 할 수 있어. 나는 천사가 말을 할 때, 항상 세실리에의 의식 속에서 찾아볼 수 있는 사고의 틀을 벗어나지 않아야 한다는 것을 염두에 두었어.

세실리에는 아릴이 독립적 의식을 지닌 독립적 존재라 (잘못) 생각하고 있었어. 그건 내가 숲속 오솔길에서 키 큰 낯선 남자를 만났던 꿈과 비교할 수 있겠지. 그 남자는 우주의 은하에 관해 내가 생각하고 있던 것 이상의 말은 할 수 없었을 거야. 그와 마찬가지로, 아릴 역시 '천상의 비밀'에 관해 세실리에가 생각하는 것 이상의 말은 할 수 없었지. 바로 그 때문에 천사와의 대화는 느릿느릿 진행될 수밖에 없었어. 왜냐하면 세실리에는 아릴이 대답할 수 있는 것보다 훨씬 많은 것을 물었으니까.

그녀는 천사에게 여러 개의 복잡한 질문을 던졌어. 천사의 대답 중 일부는 그녀를 매우 놀라게 했지. 하지만 따져 보면 그녀를 놀라게 한 것은 바로 세실리에 자신이었어.

내 책에는 이처럼 환상적 차원의 이야기들이 자주 등장해. 나는 늘 인간의 상상력에 매력을 느껴 왔어. 모든 상상적 이야기는 어느 누군가에 의해 만들어진 이야기이기도 하지. 나는 이 단순한 원칙을 문학적 지침으로 사용했어.

나는 상상적 차원의 이야기를 펼치기 위해 늘 특정 인물을 사용했어. 그렇게 함으로써 상상의 세계 속에 초심리학적 요소나 감각적 측면을 동시에 가미할 수 있었지. 이런 요소를 찾아볼 수 없는 이야기들은 단지 '상상'에 불과할 뿐이라고 생각했기 때문이야.

(또는 추진력을 찾아볼 수 없는 단순한 허구적 상상이라고 말할 수도 있겠지.) 나는 그렇게 막연하고 틀이 제대로 갖추어지지 않은 문학 장르에는 흥미와 관심을 가질 수 없었어.

오두막 앞마당을 획 지나가는 두 기이한 존재를 보았던 내 친구의 강렬한 경험을 들은 뒤, 나는 그녀에게 좀 더 가까이 다가갈 수 있었어. 그녀의 이야기에서 개인적인 정신세계는 물론, 모든 이가 공감할 수 있는 공통적인 인간성을 엿볼 수 있었거든.

나는 상상력이 향수와 비슷하다고 생각해. 어떤 향수의 향을 제대로 음미하기 위해서는 그 향수가 살아 있는 사람의 피부에서 우러나오는 것이라야 해. 같은 방식으로, 어떤 이야기에서 깊은 인상을 받기 위해서는 그 이야기와 직접적인 관련이 있는 각각의 개인이 존재해야 하지.

여인들이 자신만의 향수를 찾았다고 말하거나, 이 향수는 '자기 것'이라고 말하는 이유는 바로 그 때문이라고 생각해. 향수의 향을 테스트할 때 손목에 뿌리는 것도 같은 이유지.

손목에 뿌리지 않고 병에 들어 있는 채로 향수의 향을 맡는다면, 그 강렬함 때문에 현기증을 느낄 수도 있어.

초자연적 계시에 대한 기적적 이야기나 간증은 단지 전설이나 영웅적 신화에서만 다루어지는 요소라고 할 수는 없어.

이러한 '계시적 신앙'은 세계 종교의 기초를 형성하는 동시에,

인간성의 근간을 이루는 바탕에 종교가 자리하고 있다는 인식을 심어 주지.

만약 초자연적 존재가 실재하는지의 여부를 두고 더 진지하게 논의한다면, 나는 내 의견을 이렇게 털어놓을 수 있을 것 같아. 즉 인간은 시대를 막론하고 초자연적 존재에 관해 다양한 개념을 공유해 왔지. 어쩌면 그러한 존재들은 인류 역사상 단 한 번도 자신의 모습을 드러내거나 증명해 보이지 않았을지도 몰라. 그 이유는 가장 단순한 사실, 즉 그런 존재가 실재하지 않기 때문일 수도 있어.

초자연적 현상에 관한 모든 개념이 전적으로 인간의 관념 속에서 존재해 왔다는 사실은 배제할 수 없어. 그런데도 이러한 개념은 우리 역사 속에서 깊이 뿌리를 내려 왔지. 여기에는 여러 가지 중요하고 결정적인 요소가 있어. 그것은 인간 상상력의 원동력, 눈에 보이지 않는 것들 사이에 숨겨진 연결 고리를 찾고자 하는 본능적 충동, 우리의 삶이 무無에서 시작해 무無로 끝난다는 사실에 대한 맹렬한 저항 등이지.

아마도 우리는 초자연적인 것에 관한 개념에서 완전히 벗어날 수는 없을 것 같구나. 왜냐하면 그건 바로 우리가 인간이기 때문이지.

사랑하는 레오, 오로라, 노아, 알바, 율리아, 마니. 너희가 앞으로 살아가면서 초자연적인 것에 대한 믿음을 가지게 된다 하더라도, 내가 너희에게 미리 해 줄 수 있는 말은 없구나. (혹여 있다 하더라도, 그건 그저 약간의 부러움일지도…)

사람들에게 믿음이나 미신에 관해 경고하는 것은, 우정과 사랑 또는 자연 속에서의 강렬한 경험에 대해 경고하는 것과 마찬가지라고 생각해. 이러한 감정보다 더 인간적인 것은 없기 때문이지. 인간의 믿음도 마찬가지야.

덴마크의 성직자이자 종교 시인인 니콜라이 그룬트비Nikolaj Grundtvig가 한 말은 지금 들어도 상당히 합리적이라 여겨져. 그는 "기독교인보다 인간이 먼저."라고 했지. 오늘날의 덴마크 사정을 살펴본다면 "무슬림보다 인간이 먼저."라고 하는 것이 더 적합할지도 모르겠구나.

그런 식으로 따지자면 "무신론자보다 인간이 먼저."라고 하는 것도 상당히 중요할 것 같아. 무신론자들은 가끔 자신들의 열정 때문에 편협하고 '비인간적'이라 여겨질 때가 있어. 물론 그들의 말이 모두 옳다는 것은 아냐. 믿음과 신앙이 주제가 될 때, 우리는 결론과 답이 없는 상태에서 행동할 수밖에 없으니까.

어쨌거나 무엇을 믿거나 의지할 때, 가장 중요한 것은 우리가 인간이라는 사실을 기억해야 한다는 점이야.

나는 여기서 한 발짝 더 나아가서, 우리는 항상 우리가 인간이라는 점을 염두에 두어야 한다고 생각해. 우리는 가진 것 하나 없이 무無의 상태로 이 땅에 왔어. (물론 완전히 무無의 상태로 왔다고는 할 수 없어. 우리는 자신이 누구인지 보여 주는 일련의 유전자를 가지고 태어나니까.) 그리고 우리는 세상을 떠날 때에도 태어날 때와 마찬가지로 빈손으로 가기 마련이지.

나는 이런 인간의 존재를 생각할 때 놓쳐서는 안 될 중요한 점이 있다고 생각해.

마법의 세계에 처음 발을 들여놓았을 때 나를 휘감았던 강렬함은 시간이 흐름에 따라 퇴색되긴 했지만, 그 후에도 오래도록 내게 머물러 있었어. 그리고 나는 조화의 차원에 이르지 못한 채 십 대를 벗어났지.

나를 더 혼란스럽게 만든 초심리학은 그저 존재하지 않는 어떤 곳의 지도를 보여 주었을 뿐이야. 진짜 기적은 바로 이 세상이 존재한다는 사실뿐이었지.

바로 그 때문에 나는 생각의 방향을 다시 수정해야만 했고, 이번에는 자연과 우주, 그리고 우리가 발을 딛고 사는 이 지구에 관심을 가지기 시작했어.

창백한 푸른 점, 지구

내가 열여섯 살 되던 1968년, 사진 촬영의 역사에서 가장 의미 있는 사진이 찍혔단다. 그 사진은 성탄절 이브에 아폴로 8호 우주선이 달의 뒷면을 돌며 찍은 것으로, 하늘에 떠오르는 우리의 푸른 지구를 담고 있었어.

그 사진의 제목은 지구돋이라고 정해졌지. 사실 따지고 보면 이 제목은 그리 적합하다고는 할 수 없어. 달은 항상 지구 쪽으로 같은 면을 향하고 있어서, 달에서 지평선 위아래로 지구가 떠오르고 지는 현상은 볼 수 없기 때문이지. 달에서 보는 푸른 행성, 즉 우리의 지구는 항상 누런 황금색의 풍경 속, 하늘 한가운데에 떠 있을 뿐이야. 물론 지구에서 보는 달과 마찬가지로 모양이 달라지긴 해.

우주선 아폴로 8호에 타고 있던 우주 비행사들은 우주선이 달의 뒷면에 진입했을 때, 달의 지평선 위로 모습을 드러낸 지구를 보며 그것이 지구돋이라고 생각했어.

아폴로 8호는 사람을 태우고 달의 궤도를 돈 최초의 우주선이지. 덕분에 그 우주선에 타고 있던 사람들은 다른 행성에서 우리의 지구를 처음으로 본 사람들이 되었어.

그 역사적 여정에 참여한 우주 비행사들은 지구에 돌아온 뒤의 인터뷰에서 무엇이 가장 인상적이었냐는 질문을 받았어. 사람들은 그들이 인류 역사상 처음으로 달의 궤도를 돌아 보았다는 이유 때문에, 가까이서 내려다본 달의 분화구라 대답할 것이라 예상했지. 하지만 세 명의 우주 비행사들은 생명을 찾아볼 수 없는 달의 풍경과 크게 대조된 푸른 행성, 즉 지구의 모습이 그들을 압도했던 유일한 것이었다고 대답했어.

그로부터 약 반 세기 후, 지구돋이가 찍힌 날로부터 50주년이 되는 날, 사진을 찍은 사람이자 노르웨이 주재 미국 대사로 근무한 윌리엄 앤더스William Anders는 이렇게 말했어.

"달을 탐사하기 위해 우주선을 탔지만, 정작 우리가 발견한 것은 지구의 모습이었습니다."

오늘날에는 지구돋이가 현대 환경 운동의 상징으로 간주되어야 한다고 주장하는 사람들도 많이 생겨났어.

1990년 2월 14일은 인류 역사에 있어 또 다른 기념일이라 할 수 있어. 1977년 9월에 발사된 무인 우주 탐사선 보이저 1호는 목성과 토성을 탐사한 뒤 태양계를 막 벗어나려는 참이었지. 그때, 미국 천문학자인 칼 세이건Carl Sagan이 우주선의 카메라를 태양이 있는 뒤쪽으로 돌려 우리 태양계의 행성들을 모두 담을 수 있는 이른바 마지막 '가족사진'을 찍어 보자고 제안했어. 물론 현실적으로 태양계의 모든 행성을 사진 한 컷에 담을 수는 없었기 때문에, 태양계 밖에서 찍은 각각의 행성들 사진을 한 장에 모아 붙이는 작업을 해야 했지.

지구는 작고 창백한 푸른 점의 형태로 그 사진들 중 하나로 자리를 잡았어. 지구를 담은 그 사진의 제목 또한 창백한 푸른 점이었지. 이 사진 제목은 훗날 칼 세이건의 책 제목으로도 사용되었어. 당시 보이저 1호는 우주 속, 지구에서 가장 멀리 떨어진 곳에 존재한 인공 물체였지. 짐작건대 앞으로도 어떤 인공 물체든 그처럼 멀리 갈 수 있을 것 같지는 않구나.

보이저 1호는 2012년 8월부터 성간으로 나가 은하 여정을 계속하게 되었어. 보이저 1호가 가장 가까이 있는 새로운 별에 다가가기까지는 다시 4만 년의 시간이 걸릴 거야. 그 우주선에 장착된 기계는 2030년이 되면 제 기능을 다하겠지만, 우리 지구의 문화와 자연에 관한 풍부한 정보를 담은 디스크는 계속 남아 있을 거야. 수만, 또는 수백만 년이 지나고 나면 저 바깥에 있는, 지능을 지닌 미지의 존재들에게 그 디스크가 전달될지도 몰라. 그렇게 된다면, 디스크는 아주 오래전에 지구를 지배한 삶과 문명에 관한 증인이 될 수 있겠지.

우리 지구가 거의 눈에 띄지 않을 정도의 작은 점으로 나타난 그 사진은 지구에서 약 60억 킬로미터 이상의 거리, 또는 약 5.5광년이나 떨어진 곳에서 찍은 것이었어. 밸런타인데이에 보이저 1호가 망원 렌즈로 촬영한 사진은 64만 픽셀로 구성되어 있었지. 하지만 그 사진에서 우리의 세상, 우리의 보금자리, 우리의 창백한 푸른 점, 지구는 단지 0.12 픽셀에 불과했어!

수천 년 동안 우주 탐사를 갈망해 온 우리는 지난 세기부터 점점 더 강력한 망원경을 개발했어. 덕분에 이제 우리는 망원경을 뒤로 돌려 우리 자신의 모습을 볼 수 있게 되었지.

그 결과로, 우리는 우주의 어느 한 지점에서 한 조각의 작은 구체에 불과한 지구를 볼 수 있게 된 거야. 그것을 보면 겸손해질 수밖에 없을 뿐 아니라, 우리가 살고 있는 이 작은 행성을 잘 돌보아야 한다는 생각도 함께 할 수밖에 없지.

가끔 이 먼지 같은 작은 물체를 볼 때마다 그것이 바로 나 자신이라는 생각을 하곤 해. 나는 거의 보이지 않을 정도의 작은 구체에 사는 보이지 않는 존재일 뿐 아니라, 내가 바로 이 작은 구체라는 생각을 할 때도 있단다. 왜냐하면 우리 지구는 너무나 작아서 그 속에 나를 숨기는 것이 불가능하다는 느낌이 들기 때문이지.

그 사진이 촬영된 1990년 겨울, 나는 베르겐 외곽에 있는 '스토레 밀데'라는 휴양소에서 《수상한 빵집과 52장의 카드》라는 책을 쓰고 있었어. 그해 겨울, 나는 늦은 저녁 무렵 밖에 나가 산책하며 밤하늘의 별을 바라보곤 했지. 물론 그때 본 것이 보이저 1호였다고 말할 수는 없지만, 저 멀리 있는 우주를 뚫어지게 쳐다보았던 것은 사실이란다….

보편적 시간

나는 《수상한 빵집과 52장의 카드》에서 난파선 이야기를 다루었어. 첫 번째 이야기는 1790년에 일어난 일이고, 두 번째 이야기는 그로부터 52년 뒤에 일어난 일이었지.

다시 우주에 관한 이야기를 하기 전에, 나는 이미 오래전 범선 항해 시기와 지구의 측량법에 관해 잠시 언급해 보려고 해. 이와 관련해서 시계 제조 기술이 결정적으로 중요한 역할을 했다는 것을 생각하니, 우리 할아버지가 떠오르는구나. 아마도 할아버지는 관련된 이야기를 많이 알고 있었을 것 같아. 너희도 알다시피 우리 할아버지는 1900년대 초에 퇸스베르그에서 시계 공방을 운영했거든. 당시 퇸스베르그는 노르웨이의 무역 및 운송 도시 역할을 했어.

1600년대와 1700년대에 세계의 대양을 항해한 거대한 범선들은 한 시간마다 지구의 어디쯤 위치하고 있는지 알아야 했어. 이건 당시 항해가들에게 매우 중요한 사항이었지. 마찬가지로, 스페인과 잉글랜드를 왕복하던 좀 더 규모가 작은 선박들도 잉글랜드의 특정 항구 도시에 정확히 도착해 닻을 내리고, 작은 섬이나 암초에 부딪히지 않기 위해 항로를 벗어나서는 안 되었어. 항로를 벗어나 사고가 나면 크나큰 재앙을 겪을 수밖에 없었거든. 역사적으로 배가 난파되어 수천 명의 선원들이 목숨을 잃은 일은 부지기수였어. 여기에 더해 선박에 실려 있던 상당한 가치의 물건들이 훼손되는 것도 간과할 수 없었지.

위도를 계산하는 것, 즉 남쪽과 북쪽을 기준으로 위치를 측정하는 것은 그다지 어려운 일이 아니었어. 태양이 하늘에서 가장 높이 떠 있을 때 태양의 각도를 측정하면 되기 때문이었지. 밤에는 북극성을 기준으로 측정하면 되었고.

하지만 동쪽과 서쪽을 기준으로 위치를 측정하는 경도는 어떻게 계산했을까?

당시 그 질문에 명확히 답할 수 있는 사람은 아무도 없었어. 1675년 최초의 잉글랜드 왕실 천문학자로 임명된 존 플램스티드 John Flamsteed는 '경도 문제'를 해결하는 임무를 맡게 되었어. 당시 잉글랜드는 전 세계에서 가장 중요한 해상 국가였기 때문에 무엇보다 먼저 이 문제를 해결해야 했지. 그는 이 임무를 완수하기 위해 천문대를 세워 달라고 요구했고, 결국 기록적으로 빠른 시간에 런던 남동쪽 그리니치공원 언덕 위에 천문대가 세워졌어. 그곳은 이전에 템스강과 저 멀리 런던을 어렴풋이 볼 수 있는 첨탑이 세워져 있던 곳이었지.

당시 해양에서의 경도를 지정하기 위해선 기껏해야 하늘에 있는 해와 달, 그리고 별의 정확한 좌표를 수집하는 일밖에 할 수가 없었어. 하지만 그렇게 하기 위해서는 늘 선박에 천문학자가 탑승해야 하고, 하늘에 구름이 없어야 한다는 전제 조건이 필요했어.

바다에서 별의 위치에 따라 항해하는 방법 말고 경도를 측정할 수 있는 다른 방법은 없었을까?

당시 사람들도 구체는 360도로 나눌 수 있고, 하루는 자전축을 중심으로 24시간으로 나누어진다는 것쯤은 알고 있었어. 이를 기준으로, 15도는 한 시간 차이가 나고, 1도는 4분 차이가 난다는 것도 알고 있었지.

그저 선박이 정확히 몇 시에 항구를 출발했는지 알려 주는 시계와, 바다에서 매일 정확한 태양시에 따라 설정되는 시계만 있으면 가능한 일이었어. 그런 것들만 갖춰진다면, 동서를 기준으로 각도와 시간을 알 수 있었기에 배의 위치도 계산할 수 있었단다.

정오가 되면 태양이 하늘에서 가장 높은 자리에 자리를 잡는다는 것은 너희도 잘 알고 있을 거야. 예를 들어, 태양은 그리니치에서 서쪽으로 15도 떨어진 이 높이, 즉 중천에 도달하고, 그로부터 한 시간 뒤에는 서쪽으로 15도 더 이동하게 돼. 만약 대서양을 건너 미국으로 향하는 범선이 있다고 한다면, 이 법칙에 따라 경도를 계산할 수 있었어. (뉴욕은 그리니치로부터 정확히 서쪽으로 75도 되는 지점에 있기 때문에, 결국 그리니치 표준시라고 불리는 시간보다 다섯 시간 느리다고 해석할 수 있지.)

배가 언제 항구를 떠났는지 정확한 시간을 알려 주는 시계만 있었다면, 배가 동서로 몇 도 항해했는지 누구나 쉽게 계산할 수 있었을 거야.

문제는 1600년대 당시에 그처럼 정확한 시계가 존재하지 않았다는 거야. 그 시기에는 정확한 시계라는 것이 달 주위를 도는 선박, 또는 태양계의 외곽에서 지구를 돌아볼 수 있는 우주선을 쏘아 올린다는 것과 마찬가지로 허황된 개념에 불과했어.

영국은 일련의 치명적인 난파 사고를 겪은 뒤 1714년에 경도위원회를 설립했고, 동시에 0.5도 미만의 정확도로 바다에서 경도를 계산하는 방법을 고안해 내는 사람에게 2만 파운드의 상금을 주겠다고 발표했어. 오늘날의 수백만 파운드에 해당하는 엄청난 액수였지.

그로부터 몇 년에 걸쳐 수많은 아이디어가 경도위원회에 쏟아져 들어왔어. 그중에는 매우 상상력이 풍부한 제안도 있었고, 신비주의적 성격을 띤 기이한 제안도 있었어. 물론 언뜻 실용적으로 보이는데, 실질적으로 구현하기엔 불가능한 아이디도 있었지.

경도 문제를 해결하기 위해 가장 오랫동안 사용된 실질적인 방법은 천체의 움직임을 관찰하는 것이었어. 사람들은 여전히 정확한 배 시계를 만드는 것은 불가능하다고 생각했지.

하지만 목수의 아들이었던 존 해리슨John Harrison은 경도 문제를 해결하기 위해 끊임없이 연구한 결과 정확한 배 시계를 만들 수 있었어. 그는 경도위원회가 설립된 뒤 60년이나 지나서야 상금을 받았지. 그가 발명한 배 시계 즉, '크로노미터경선의. 선박의 진동 및 온도 변화에 영향을 받지 않는 휴대용 정밀 태엽 시계'는 매우 정확하고 내구성이 강했기 때문에, 언제든 그리니치 표준시를 기준으로 항해 중인 선박의 위치를 계산해 낼 수 있었어. 해당 선박이 정확히 지구 어디에 위치하고 있는지 알기 위해서는 현지 시간을 계산하는 것만으로도 충분했지.

시계 제조법을 독학으로 배운 그는 여러 유형의 선박 시계를 실험하는 데 평생을 바쳤어. 하지만 그의 기본적인 아이디어는 그리니치 표준시만 알면 현재 위치를 알 수 있다는 것으로, 아주 단순했지.

세계 각국은 그로부터 100여 년이 흐른 뒤에야 자오선과 시간대를 어디에 둘지 결정할 수 있었어. 1884년이 되어서야 워싱턴에서 국제자오선회의가 열렸고, 그 자리에서 지구의 본초자오선은 그리니치 천문대를 통과해야 한다고 결정되었어.

전 세계 나라들은 공통으로 사용할 수 있는 보편적이고 표준적인 시간대가 필요했어. 그때까지만 해도 각국 사회는 해가 중천에 뜨는 정오 시간대를 기준으로 저마다 서로 다른 현지 시간을 바탕으로 생활했지. 태양은 하루의 중간, 즉 낮 12시가 되면 남쪽에 자리를 잡았고, 사람들은 그 밖에 다른 시간은 알 필요가 없다고 생각했어. 더욱이 당시에는 하루 만에 마차나 도보로 동서 간의 먼 거리를 이동할 수 없기 때문에, 삶이 주로 지역 사회를 기준으로 이루어졌지.

사람들은 정오가 되면 그 지역의 어떤 주요 지형지물에 해가 스쳐 지나가는지 대대로 전해 들었고, 이 무언의 합의는 철도가 건설될 때까지 18세기에서 20세기에 걸쳐 방해받지 않고 지속되었어. 하지만 철도라는 새로운 형태의 운송 수단이 모습을 드러내자 새로운 시간 표시법이 필요하게 되었어.

사람들은 지역의 현지 시간을 유지하고 싶어 했지만, 전국에 걸쳐 공통적으로 사용할 수 있는 이른바 '철도 시간'이 필요하다는 것을 인식하기 시작했어. 전국적인 공통 시간표는 사람들이 어디에서 출발하고 어디를 거쳐 어디에 도착하는지를 막론하고 절대적으로 필요한 것이었지.

또한 전신과 전화의 발달로 전 세계는 명확하게 정의된 시간대로 구분할 수 있는 '보편적인 시간'을 갖추어야만 했어. 노르웨이는 런던에서 동쪽으로 한 시간 떨어져 있어. 베르겐에 살거나 시르케네스에 살거나 같은 시간대의 삶을 살지. 1909년 베르겐 철도가 건설되었을 때도 마찬가지였어. 베르겐과 크리스티아니아를 잇는 선로에는 하나의 공통된 시간표가 적용되었어.

정확한 시간을 아는 것은 실용적 가치와 의미를 지니게 되었지.

1772년, 해리슨의 크로노미터를 똑같이 복사한 배 시계를 가지고 두 번째 탐사 여행을 떠난 영국의 선장 제임스 쿡James Cook은 항해 도구로서의 크로노미터가 얼마나 중요한지 열변을 토했다고 하더구나.

쿡은 바로 그 크로노미터 덕분에 세계 최초로 태평양의 수많은 섬까지 표시된, 놀랄 만큼 정확한 지도를 만들 수 있었지. 그는 자신의 일기에 "시계, 이 얼마나 깊이 신뢰할 수 있는 친구인가." 또는 "나의 길잡이 역할을 하는 시계는 단 한 번도 나를 배신한 적이 없다."라고 몇 번이나 썼어.

그의 업적은 태평양의 섬들을 중심으로 한 지도를 만든 것에서 그치지 않았어. 1769년 6월 3일경, 그는 타히티 원정길에 금성 일면 통과 현상을 관찰하게 되었어. 그것은 금성이 태양과 지구 사이를 지나갈 때 관측할 수 있는 희귀한 천문 현상이지.

당시에는 태양의 둘레를 도는 행성이라곤 여섯 개밖에 알려져 있지 않았어. 물론 태양계가 마일이나 킬로미터로 측정했을 때 얼마나 큰지 정확히 아는 사람도 없었지.

일찍이 1716년에는 영국의 천문학자 에드먼드 핼리Edmond Halley가 지구에서 금성까지의 거리는 지구의 여러 지점에서 금성의 위치를 관찰함으로써 계산할 수 있다는 것을 알아냈어. 이를 바탕으로 태양계가 대충 어느 정도의 크기라는 것은 짐작할 수 있게 되었지.

쿡 선장은 태평양의 섬 지도를 최초로 만들었을 뿐 아니라, 태양계의 크기를 측정하는 데도 도움을 준 사람이라고 할 수 있어.

지금, 여기의 시간

우주에서 방향을 잡는다고 생각했을 때, 염두에 두어야 하는 것은 두 가지야. 바로 시간과 공간이지. 이 두 가지 차원의 개념은 서로 떼려야 뗄 수 없이 연결되어 있어. 우주를 보는 것은 시간을 거슬러 뒤돌아보는 것과 마찬가지야.

달처럼 매우 지엽적인 개체를 촬영할 때도, 막상 사진에 담긴 달은 현재 우리의 시간보다 약 1초 정도 거슬러 올라간 과거의 달이라 할 수 있어. 태양의 빛은 우리에게 이르기까지 약 8분이 걸려. 따라서 보이저 1호에서 찍은 지구 사진은 바로 그 순간의 지구를 찍은 것이라고 할 수 없어. 그것은 약 다섯 시간 반 전에 태양계를 유영하던 지구의 모습이거든.

태양계 밖으로 눈을 돌리면 이러한 시간적 지연이 더욱 크고 의미심장하게 다가온다는 것을 느낄 수 있어. 우리는 오늘 하늘에 떠있는 별들이 어떤 모습으로 비추어지는지 알 수 없어. 우리 눈에 보이는 별들은 먼 옛날, 또는 상상할 수 없을 정도로 오랜 과거의 모

67

습일 뿐이니까.

그 별은 우주의 '뉴스'라는 이름으로 우리에게 도달하기 훨씬 전에 이미 붕괴되었을 수도 있어. 우리 은하 밖에서 반짝이는 별을 보았다면, 그 별은 우리에게서 시간과 공간적으로 수백만 광년이나 떨어져 있다는 것을 염두에 두어야 해.

예를 들어, 한 장의 사진에 담긴 두 개의 별은 언뜻 밤하늘에 나란히 자리한 이웃 행성처럼 보일지 모르지만, 실제로 그 두 개의 별은 상상할 수 없을 정도로 멀리 떨어져 있을 수도 있다는 거야. 하나의 별빛이 우리에게 도달하는 데 불과 몇 년밖에 걸리지 않는다 하더라도, 그 옆에 자리한 또 다른 별빛이 우리에게 도달하는 데는 수천 년이 걸릴 수도 있기 때문이지.

전 우주에 적용되는 절대적인 '지금'은 없어. 그 때문에 우리는 제한적인 개념의 '지금 여기'에 만족할 수밖에 없지. '지금'이라는 개념 자체는 가장 가까운 주변 환경에만 적용되기 때문이야. 적어도 알베르트 아인슈타인Albert Einstein의 상대성 이론에 근거를 둔다면 그렇다는 말이야.

우주에서도 관측 시점을 기준으로 보았을 때의 '지금'은 꽤 많이 찾아볼 수 있어. 하지만 이들 사이에 서로의 위치를 연결 짓는 공통의 '지금'은 없단다.

우리는 눈이나 덤불 위에 누워 밤하늘을 바라볼 수 있어. (요즘엔 거의 하지 않는 일이긴 하지만 말이야!) 밤하늘의 별과 별자리를 보면서 눈에 보이는 것들을 묘사하기도 하지.

"저기 좀 봐! … 우와!"

하지만 지금 이 순간 전체로서의 하나의 우주가 어떠한지 묻는 것은 거의 무의미한 일이야. 우주는 '지금 이 순간'과는 아무 상관이 없는 것이기 때문이지. 우주의 모든 것들, 우주에서 일어나는 모든 일들은 빛의 속도로 존재하고 이루어져.

시간과 공간 속에서 끊임없이 팽창하는 우주에서 시간 자체의 개념을 정립하는 것이 쉽지 않은 까닭은 단지 빛의 지연 때문만은 아니야. 별들이 엄청난 속도로 서로 상대적으로 움직이기 때문이지.

은하계들은 폭발적인 속도로 서로에게서 떨어져 나가. 우리는 약 140억 년 전 빅뱅을 통해 생성되었고, 지금도 팽창하는 우주에서 살고 있는 거야.

*

우리의 일상 역시 시간과 공간을 바탕으로 이루어지고 있어. 우리가 서로 만날 약속을 할 때, 단지 어디서 만날지 정하는 것만으로는 충분하지 않아. 만날 시간도 정확히 정해야 하지. 이렇듯 시간과 공간을 염두에 두고 만날 약속을 한다면, 서로 만나지 못할 확률은 거의 없어. 반면 다음 주 중에 칼요한스 거리와 대학로 사이의 모퉁이에서 만나자고 약속한다면, 서로 만날 수 있는 확률이 얼마나 될까. 같은 이유로, 5월 26일 오후 7시 30분에 오슬로에서 만

나자는 약속도 충분치 않을 거야.

예전에는 약속 잡을 때 항상 시간과 공간을 생각해야만 했어. 이건 최근까지도 마찬가지였지. 하지만 몇 년 전부터는 약속 잡을 때 철두철미할 필요가 없어지게 되었어. 우리에게 새로운 보조 장치가 생겼기 때문이지. 이들 보조 장치 가운데 가장 먼저 떠올릴 수 있는 것은 바로 핸드폰이야. 우리는 핸드폰 덕분에 약속을 쉽게 조정하거나 변경할 수 있게 되었어. 게다가 핸드폰을 이용하면 만날 장소를 쉽게 찾을 수도 있고, 정확한 시간도 확인할 수 있게 되었지.

몇 년 전만 해도, 약속한 당사자 가운데 한 명이 약속 장소나 시간을 잘못 알아서 약속을 지키지 못하는 경우가 종종 있었어. 그런 일이 거듭되면 그들의 우정이나 애정도 지속될 수 없는 것이 당연한 일 아니겠니.

만약 한 사람이 약속 장소에서 조금 벗어난 곳에서 기다린다면, 정해진 장소에 있던 다른 한 사람은 기다리다 지쳐 기분이 나빠질지도 몰라. 한 블록 또는 10여 분만 어긋나도 약속은 지켜지지 않을 거야. 약속 장소에서 몇 미터를 벗어나든, 또는 약속 시간에서 몇 분을 어긋나든, 어느 것이 당황스러울지는 쉽게 말할 수 없지만, 그 결과는 다르지 않을 것 같구나.

요즘엔 핸드폰으로 문자를 보내거나 전화를 해서 불과 몇 초 만에 약속을 취소할 수 있어. 약속 장소를 잘못 기억하고 있다거나, 약속 시간에 조금 늦는다 해도 가볍게 웃고 넘길 수 있지. 우린 그런 식으로 삶을 유연하게 조정할 수 있다는 것을 매우 당연하게 여기고 있어.

1970년대 초에는, 어느 여름날 저녁에 친구와 만날 약속을 했을 경우, 그냥 시내에 나가서 거리 모퉁이나 카페에 자리를 잡고 앉아 있으면 되었단다. 당시엔 친구를 만날 수 있을 만한 카페가 시내에 서너 곳밖에 없었기 때문에 가능한 일이었지. 만약 만나기로 했던 친구가 보이지 않는다 하더라도, 카페를 한 바퀴 둘러보면 함께 시간을 보낼 만한 다른 친구들을 만나는 것도 얼마든지 가능했어. 운이 좋을 경우엔 원래 만나기로 했던 친구가 그날 저녁 어디에 있는지 알고 있는 사람을 만날 수도 있었지. 얼굴을 보고 입으로 정보를 전달하던 시절이었거든.

당시의 도시는 지금에 비해 훨씬 작았을지도 몰라. 하지만 요점은 당시엔 핸드폰이 없었다는 거야. 우리는 자유로운 새였어. 꽤 기분 좋은 일이었지.

과거 우리의 삶은 현재보다 훨씬 '지금 이 순간'을 중심으로 이루어졌던 것 같아. 지금 이 글을 쓰는 순간, 불현듯 평생 잊지 못하고 간직해 온 기억 하나가 떠오르는구나. 오르볼초등학교에 다닐 때였어. 열두 살이었던 나는 과학 실험실 책상 앞에 앉아 수업에 집중하지 못하고 창 너머로 학교 앞 오르볼 거리를 멍하니 보고 있었어.

문득 저 멀리 유모차를 끌고 산책하는 젊은 어머니 한 명이 눈에 띄더구나. 그녀는 다른 한 손으로 아장아장 걷는 아이의 손을 쥐고 있었어. 아마도 그 아이는 유모차에 타고 있는 아기의 오빠나 형이었을 거야.

나는 그 순간을 잊지 않겠다고 결심했어. 미래의 더 큰 그림에서의 한 점, 즉 궁극적인 영원함 속에서 날카롭게 두드러지는 한 점으로 남을 그 순간을 영원히 기억하겠다고 결심했던 거지.

물론 나는 살아오면서 경험한 대부분의 시각적 인상은 잊어버렸어. 하지만 그날 그 순간의 기억은 지금도 생생하게 남아 있어. 그것은 내 삶에서 가장 중요한 순간 중 하나로 자리를 잡았지. 어쩌면 그 순간은 내 삶의 '지금 여기'일지도 모르겠구나!

나는 어렸을 때 여름 방학의 대부분을 산속 오두막에서 보냈어. 우리는 지금도 가끔 헹셴에 있는 그 오두막을 찾아. 당시 그 오두막에는 전기도 들어오지 않았고 전화도 없었어. 삼촌이나 고모가 우리와 함께 며칠 오두막에 묵을 경우엔 몇 주 전에 미리 약속해야만 했지.

오두막으로 오는 편지나 신문은 우유 배달 차가 실어 와서 산길 아래쪽, 우유 통을 모아 둔 곳에 놓아두었어. 우리는 매일 오두막에서 1.5킬로미터나 떨어진 그곳에 가서 우유와 신문 등을 가져와야만 했지. 가끔은 식료품을 가져오기 위해 커다란 배낭을 메고 다녀올 때도 있었어.

우리는 절대 서두르는 법이 없었어. 그 길이 먼 길이라는 생각도 전혀 하지 않았지. 우리에겐 하루가 너무나 길었거든.

가끔은 그 길을 오가는 길에 헹스바트네 호수에 잠시 들러 헤엄을 치기도 했어.

부모님은 두 분 다 선생님이었기 때문에, 우리 가족 모두 두 달간의 긴 여름 방학을 함께 보낼 수 있었어. 하지만 우리 아버지, 즉 너희 증조할아버지가 행정직에 발령받은 뒤엔 온 가족이 함께하는 여름 방학이 눈에 띄게 줄어 버렸어. 그래서 산속 오두막에서 어머니하고만 지내는 시간이 늘어났지.

가끔 아버지에게 중요한 메시지를 전달하거나 무언가를 물어봐야 할 때, 또는 단지 아버지가 보고 싶어서 목소리만이라도 듣고 싶을 때면 몇 킬로미터나 떨어진 산 아래쪽 마을의 무선 전신국까지 가서 장거리 시외 전화를 이용해야만 했어. 당시엔 자동차가 없는 집도 많았는데, 우리 집에는 자동차 한 대가 있었어. 그런데 우리 어머니는 운전면허가 없었지.

어머니와 함께 산속 오두막에 갈 때면, 오슬로에서 기차를 타고 '올역'까지 간 다음, 거기서부터 우유 배달 차를 얻어 타고 산 아래까지 가야만 했어. 기차역에서 산 아래까지는 거의 20킬로미터였어. 그건 지금도 마찬가지야. 하지만 1950~1960년대에 20킬로미터가 넘는 길을 우유 배달 차 타고 가는 건 오늘날 자동차로 가는 20킬로미터와는 달랐어.

우유 배달 차를 타고 20킬로미터쯤 가는 길이 훨씬 실속 있었던 것 같아. 물론 오늘날 자동차로 가는 것보다는 훨씬 시간이 많이 걸리긴 했지만, 정서적으로나 시각적으로 더 풍부함을 느낄 수 있었기 때문이지.

일 때문에 오두막에 늦게 합류해야 했던 아버지는 어머니와 미리 도착 날짜를 잡았어. 우리는 몇 시간 동안이나 창가에 앉아 아버지의 푸른색 DKW_{1930년대에 설립된 자동차 회사로, 현재 독일 아우디의 전신} 자동차가 언제 헹스바트네 호수 옆을 지나는지 남쪽 길을 내다보곤 했지. 그런데도 지루하다는 생각은 전혀 하지 않았어. 왜냐하면 자동차가 눈에 띄면 그것이 아버지 자동차일 확률이 50퍼센트나 되었거든.

당시 산마을 사람들에겐 자동차가 없었어. 주중에는 소, 돼지, 닭 등을 돌보며 소젖을 짜는 여인들만 산에 머물렀지. 그들은 거의 자급자족하며 살았어. 남자들은 주말마다 마차에 식료품을 한가득 싣고 와서 산에서 생활하는 아내를 찾아보곤 했지.

산속에 오두막을 소유한 사람들은 우리 말고도 몇 가구가 더 있었어. 우리는 아버지를 기다리지 않는 날이면 먼지와 모래가 자욱한 아래쪽, 차도까지 내려가곤 했어. 행여나 산길을 오르는 자동차가 있을까 해서 목장 앞 울타리 곁에 서서 기다릴 때도 있었지. 자동차가 올라올 때 울타리 문을 열어 주고 10외레_{노르웨이 화폐 중 가장 작은 단위. 현재는 사용되지 않음} 또는 25외레 정도를 받기도 했어. 대부분은 우리에게 각각 10외레씩 주었어. 가끔 '미국인'이 올 때면 돈 대신 미국산 과자를 받기도 했지. 그들은 여름 방학 때만 산속의 오두막에 머물다가 방학이 끝나면 미국으로 돌아갔기 때문에, 우리는 그들을 '미국인'이라고 불렀어.

하지만 우리가 기다린 사람은 바로 아버지였어. 아버지는 여름에는 대부분 우리가 잠자리에 들기 전에 오두막에 도착했어. 겨울, 성탄절 이브에는 날이 어두워지기 전에 왔단다. 어머니와 약속한 시간보다 대여섯 시간 늦게 도착할 때도 있었어. 그럴 때면 어머니와 우리는 서로를 위로하곤 했지. 혹시 무슨 일이 일어난 건 아닐까 해서….

그런 일은 흔히 일어났어. 당시엔 길을 떠난 사람들에게 오전 라디오 프로그램을 통해 메시지를 전달하는 일도 꽤 많았어. 캠핑을 떠난 사람들은 며칠 또는 몇 주 동안이나 전화를 사용할 수 없었기 때문이지. 당시 라디오를 통해 흘러나왔던 전형적인 메시지는 이런 것이었어.

"현재 트뢴델라그 지역에서 휴가를 보내고 있는 A-67426, 푸른색 포드 타우누스의 소유자에게 알립니다. 모친께서 별세하셨습니다. 다시 한번 말씀드립니다. 현재 트뢴델라그 지역에서 휴가를 보내고 있는 A-67426, 푸른색 포드 타우누스의 소유자에게 모친이 별세하셨다는 소식을 전합니다."

수백만 년 지구의 시간

우리는 이 세상에 잠시 머무르며, 마치 물고기가 잔잔한 호수에서 튀어 오른 뒤 동그란 잔물결을 만들어 내는 것처럼 세상에 일시적인 흔적을 남겨.

하지만 내가 어느 날 아침, 레이네스카르베 산중턱에서 경험한 것과 같은 위대한 시간은 더 깊은 흔적을 남기겠지. 그때 나는 일고여덟 살쯤 되었을 거야.

우리는 레이네스퇼렌 평원에서 시작된 가파른 오르막길을 오른 뒤 비교적 평평한 고원에 도착했어. 그곳에서는 여기저기 호수와 곶이 자리한 아래쪽의 드넓은 평원과 그 뒤에 자리한 계곡까지 어슴푸레하게나마 볼 수 있었지.

그곳은 평원에서 시작된 오르막길을 걸을 때처럼 힘들지는 않았지만, 그렇다고 가볍게 발을 옮길 수는 없는 곳이었어. 왜냐하면 발밑에 단단한 흙이 아니라 조그마한 돌멩이와 자갈로 뒤덮여 있었거든. 그곳을 걷다 보면 마치 자갈 속에서 첨벙거리며 헤엄치는 것 같았어.

아버지는 우리가 빙퇴석 위를 걷고 있다고 말했어. 나는 그때 '빙퇴석'이라는 말을 처음 들어 보았단다.

수천 년 전, 그 광활한 풍경 전체가 얼음으로 뒤덮여 있었고, 거대한 바위와 돌산에서 떨어져 나온 빙퇴석들이 가파른 산비탈 아래에 드넓게 자리 잡았어. 그건 바로, 10만 년이 넘는 시간 동안 나라 전체가 거대한 얼음덩이 아래에 숨겨져 있었다는 말이란다.

1950년대 말, 그해 여름은 내가 지질학적 시간이라고 하는 시간대를 처음 접한 날이라 할 수 있을 것 같구나.

그와 비슷한 시기에 찰스 데이비드 킬링Charles David Keeling은 하와이의 마우나 로아 천문대에서 대기 중의 이산화탄소 양을 측정하기 시작했어.

1958년부터 지속적으로 측정해 온 결과, 대기 중 이산화탄소의 양이 점점 증가 추세에 있다는 것을 알 수 있었어. 그것은 우리 인간이 석유, 석탄, 가스와 같은 화석 에너지를 연소해 왔기 때문이라는 데 의심의 여지가 없지.

화석 연료의 사용은 지구에 온실 효과를 일으키고, 온실 효과는 지구 온난화를 촉발하는 원인으로 작용하지. 이것은 또 다른 시간의 척도가 되기 시작했어. 20세기와 21세기 이후, 우리가 사용하는 시간은 대기 중 이산화탄소의 양을 나타내는 백만분율ppm, parts per million과 깊은 관련을 지니고 있어.

산업 혁명 이전 시기에는 지구 대기 중 이산화탄소의 양이 약

280ppm이었어. 이는 수십만 년 동안 놀랄 만큼 안정적으로 유지되어 온 수치야. 하지만 본격적으로 탄소를 캐내 연소하기 시작한 산업 혁명 이후부터 대기 중 이산화탄소의 양은 점점 빠른 속도로 증가하기 시작했고, 오늘날에는 415ppm에 이르렀어. 이 수치는 우리가 화석 연료를 사용하기 전보다 약 50퍼센트 더 높은 것으로, 수백만 년 만에 기록된 최고치야.

이러한 시기에 살고 있기에, 이제 우리는 진지하게 수백만 년의 지질학적 시간에 대해 이야기해 봐야 할 것 같구나.

*

지구는 태양계에서 생명체가 살고 있는 유일한 천체야. 지난 수십 년 동안, 천문학자들은 태양계에 속하는 수천 개의 다른 천체를 발견했어. 하지만 생명체가 존재한다는 확실한 증거가 있는 천체는 하나도 없었지. 어쩌면 우주적 맥락에서 보았을 때, 생명체의 존재는 매우 희귀한 것일지도 모르겠구나.

지구는 생명체가 번성하고 발전하기에 매우 적합한 조건을 갖추고 있어. 지구에는 덥지도 춥지도 않은 적절한 기후와 풍부한 물이 있지. 물은 우리에게 익숙한 생명체가 존재하기 위한 필수적인 요소이기도 해.

만약 지구가 태양에 조금만 더 가까웠다면 지구에 있는 대부분의 물은 증발해 버렸을 거야. 반대로, 지구가 태양에서 조금만 더 멀리 떨어져 있었다면 지구 표면의 물은 모두 얼음 상태로 존재했을 거야.

우리는 태양 주위를 돌고 있는 행성 중에서 '골디락스 행성', 즉 생명체 거주 가능 영역인 지구에 살고 있어. '골디락스'는 〈골디락스와 곰 세 마리Goldilocks and the Three Bears〉이라는 전래 동화에서 유래한 말이야. 동화 속 골디락스는 매우 까다로운 소녀였단다. 그녀는 죽이 담겨 있는 세 개의 그릇 가운데 너무 뜨겁지도 않고, 너무 차갑지도 않은 '딱 알맞은' 온도의 죽을 선택해서 먹었어. 우주에서의 생명의 조건은 소녀 골디락스만큼 까다롭다는 뜻이야. 액체 상태의 물이 존재할 만큼 태양과 적절한 거리를 유지하고 있는 암석형 행성은 거의 없어.

천문학자들은 생명체로 가득한 따스하고 습기 찬 또 다른 행성을 발견했을 때보다, 깊은 바다와 졸졸 흐르는 시냇물, 그리고 강과 호수가 있는 어떤 행성을 발견했는데 그곳에 생명체가 없다는 사실을 알게 됐을 때 더 놀랄 거야.

지구는 태양의 주위를 도는 여덟 개의 행성 중 하나임과 동시에, 우리 은하에 자리한 수천억 개 이상의 별들 가운데 하나야. 그리고 우리 은하는 우주에 자리한 천억 개의 은하들 가운데 하나에 불과해. 이 우주 또한 여러 개의 우주 중 하나일지도 몰라.

현재 우리는 이 우주 하나만 존재하는 것으로 알고 있지만, 다른 우주가 셀 수 없을 만큼 존재한다는 것은 충분히 상상할 수 있는 일이라고 생각해. 별, 은하, 원자, 분자로 가득 찬 우주의 근본적인 자연력은 안정적이고, '지속 가능한' 우주와 생명체를 위한 기본적인 조건들을 위해 놀라울 만큼 미세하게 조정되어 있거든.

이처럼 생명체가 존재하기 위한 조건을 풍부하게 갖춘 지구 환경은 어떤 면에서 보면 불가사의처럼 여겨지기도 해. 바로 그곳에 우리가 살고 있다는 사실도 마찬가지야. 만약 이 모든 것을 '설계한' 신의 창조력을 믿지 않는다면, 생명체가 존재하기 위한 필수 불가결한 조건을 갖추지 못한 우주가 셀 수 없이 많다는 것도 상상할 수 있겠지. 그렇다면 우리가 지금 하고 있는 이러한 보편적인 생각 또한 찾아볼 수 없을지도 모르겠구나.

(우리의) 우주는 불가사의한 폭발을 시작으로 생성되었고, 우리는 지금도 그 여파 속에서 살고 있어. 그 폭발을 빅뱅, 또는 대폭발이라고 부르지.

그 폭발이 무엇이었는지, 또는 무슨 이유로 생겨났는지에 관해선 아무도 답하지 못해. 하지만 폭발이 일어난 뒤 생성된 에너지 가운데 우주를 구성하는 가장 작은 단위의 물체를 '쿼크'라고 불러. 신생 우주가 냉각됨에 따라 이들 쿼크는 서로 결합하여 양성자와 중성자가 되었고, 이후에 다시 수소 핵과 헬륨 핵이 되었어.

전자껍질을 지닌 완전체의 전자는 그로부터 수십만 년이 지난 뒤에야 생성되었어. 그 이전에는 여전히 우주에서 가장 작은 원자인 수소와 헬륨만 존재했을 뿐이야. 원자들 가운데 상대적으로 무게를 지닌 것들은 빅뱅 이후 초기에 서로 합쳐졌지. 에너지가 큰 별의 폭발을 슈퍼노바 또는 초신성이라고 해. 과학자들은 우주에서 가장 무거운 원자는 두 개의 중성자별이 서로 충돌했을 때 생성된 것으로 보고 있어.

분자는 비금속 원자가 화학적으로 결합한 것으로서, 우주 전체에 걸쳐 나타났어. 지구의 생명체가 존재하기 위한 세 가지의 핵심적 분자는 바로 산소O_2 분자, 수소H_2O 분자, 그리고 이산화탄소CO_2 분자라고 할 수 있어. 산소 분자는 대기 중의 약 5분의 1을 차지하지만, 이산화탄소는 이미 앞에서 이야기한 바 있듯 415ppm, 즉 약 0.04퍼센트에 불과해.

빅뱅은 약 138억 년 전에 일어났고, 태양계는 약 46억 년 전에 생성되었어. 다시 말해서, 지구 나이는 우주 나이의 약 3분의 1이라고 할 수 있지. 나는 이 사실을 떠올릴 때마다 들뜨는 마음을 감출 수가 없어. 바로 그 지구에 내가 살고 있다는 사실 때문이겠지.

초기의 지구는 불타듯 매우 뜨거웠어. 하지만 지구 표면이 점차 식어 가면서 복잡한 분자 또는 '거대 분자화학 결합으로 거의 무한 개수의 원자가 결합하여 있는 분자'가 출현했고, 그로부터 생명체가 만들어졌지. 지구 역사의 초기에는 대기 중에 산소가 존재하지 않았어. 따라서 태양으로부터 오는 자외선을 막아 줄 오존층도 형성되지 않았지. 그러나 산소와 오존층은 거대 분자의 '원시 수프'가 초기 원시 형태의 생명체, 또는 살아 있는 세포를 형성하는 데 필수 불가결한 요소였어. 이 필수적 조건은 약 30억 년 전에 충족되었어.

우리는 생명체가 어떻게 생겨났는지 정확히 알지 못해. 어쩌면 지구의 초기 생명체는 바다에서 생겨났을지도 몰라. 하지만 생명체 출현의 바탕이 되는 요소가 우주 행성들의 충돌로 지구까지 날아왔다는 가설도 생각해 볼 수 있어. 적어도 과학자들은 지구에서 볼 수 있는 대부분의 물은 이런 방식으로 생겨났다고 말하지.

광합성이라는 화학적 과정을 통해, 단세포 유기체가 동물들이 살아가는 데 필수적인 유리 산소 또는 산소를 만들어 내기 시작했어. 그로부터 어느 정도 시간이 흐른 뒤에는 자외선으로부터 지구를 보호할 수 있는 오존층이 형성되기 시작했지.

나는 지구의 생명체가 번성하고 더 복잡한 유기체로 발전하기 위해 꼭 필요한 다음과 같은 조건들이 매우 흥미로운 역설이라고 생각해. 즉 대기 중에 풍부하게 존재하는 산소와, 자외선으로부터 지구를 보호하기 위해 형성된 오존층 말이야. 이것들은 처음 발생한 생명체들에게는 존재하지 않았던 조건들이거든. (초기에는 대기 중에 존재하던 산소가 아미노산 같은 복잡한 거대 분자를 형성하기 전에 지금 우리에게 익숙한 생명체의 구성 요소를 산화시켰을 거야. 그리고 오존층은 생명체를 발생시키는 데 중요한 촉매 작용을 하는 자외선을 감소시키는 역할을 했겠지.)

오늘날에는 지구에 새로운 생명체가 출현하는 일은 없어. 30억 년 전 딱 한 번 새로운 생명체가 출현했는데, 그게 마지막이야.

지구상의 생명체가 만들어 낸 대기는 태양으로부터 오는 뜨거운 열이 모두 우주 밖으로 반사되는 것을 막아 줘. 우리는 이것을 온실 효과라고 부르지. 만약 이처럼 온실 효과를 일으키는 대기가 없었더라면, 지구는 지금보다 훨씬 추웠을 거야. 그러면 지금 우리에게 익숙한 생명체들이 살기도 쉽지 않았겠지.

온실 효과는 원래 인간이 만들어 낸 것이 아니라 자연적으로 생겨난 거야. 우린 핵심적인 온실 가스 가운데 하나인 이산화탄소로 인해 극한적인 추위를 피할 수 있었지만, 근래 들어 대기 중 이산화탄소 양이 급격히 늘면서 지구 온난화 현상이 발생했어. 이게 바로 인간이 만들어 낸 기후 변화야.

이 또한 역설적이라 볼 수 있어. 만약 지구에 자연적으로 발생한 온실 효과가 없었더라면 지구의 평균 기온은 지금보다 약 33도나 낮아서 생명체가 존재할 수 없는 얼음 행성이 되었을 거야. 그러나 인간 활동이 일으킨 온실 효과는 지구의 기온을 점차 상승시켜서 마침내 지구는 높은 기온 때문에 생명체가 살 수 없는 곳으로 변해 버릴 거야.

식물은 광합성을 통해 대기 중의 이산화탄소를 흡수하고 이를 다시 동물이 먹을 수 있는 식물로 전환시켜. 이산화탄소는 동물의 호흡이나 부패를 통해 공기 중으로 배출되지. 식물은 광합성을 통해 인간이나 동물이 호흡하는 데 필요한 산소도 만들어 내. 이처럼 생명체의 삶의 과정은 자연스럽게 탄소 균형에 기여하고 있어.

생명체가 관여되지 않은 자연에서도 이러한 균형은 유지되고 있어. 예를 들어, 이산화탄소는 화산 폭발 같은 지구 물리학적 과정을 통해 대기 중으로 배출되기도 해. 이 이산화탄소는 점진적인 풍화 작용과 죽은 유기체의 퇴적에 의해 해저로 밀려나고 결국 지각과 다시 결합하게 되지. 이 주기적 순환 작용은 지난 수십만 년 동안 거의 규칙적으로 일어났고, 인간의 활동은 이러한 작용에 (최근까지는) 거의 영향을 주지 않았어.

앞에서 '주기적 순환'과 '탄소 균형'이라는 말을 했지. 그런데 어느 시점이 되자 이 순환과 균형이 강력하게 붕괴되는 일이 발생했어. 지난 수백만 년 동안 동식물 잔해에서 생성되어 석유와 석탄, 또는 가스의 형태로 땅속에 저장되어 있던 탄소를 생각해 보렴.

인류는 수백만 년 동안 땅속에 저장되어 있던 탄소를 눈 깜짝할 사이에 파헤쳐 내서 연소시킴으로써 대기 중으로 배출했어. 바로 그 때문에 주기적 순환에 균열이 생기고 탄소 균형이 급작스럽게 붕괴되어 버렸지. 그 결과, 킬링이 측정한 바와 같이 대기 중 이산화탄소의 양은 점점 증가하게 되었고, 지구는 점점 더워지게 되었어.

인간 활동으로 인해 대기 중으로 배출되는 이산화탄소의 양은 자연적인 순환으로 발생하는 이산화탄소의 양에 비하면 극히 일부에 불과해. 하지만 자연이 일정 시간 동안 순환 작용을 통해 땅속에 저장할 수 있는 양보다 많기 때문에 대기 중에 초과분이 남게 되지. 그래서 대기 중과 바닷속의 이산화탄소 양이 점점 증가하고 있어.

이것은 식단의 칼로리와 비교할 수 있어. 만약 우리가 신체를 유지하는 데 필요한 양보다 조금이라도 많은 음식, 즉 와플 한 조각이나 케이크 한 조각 등을 매일 먹을 경우, 시간이 지나면서 서서히 살이 찌기 시작할 거야. 대기 중 이산화탄소의 양도 이러한 방식으로 점점 증가하는 거야. 인류는 매일 지구가 감당할 수 있는 양보다 조금 더 많은 이산화탄소를 배출하고 있어. 이것은 자연에서 식물과 동물이 생명을 유지할 수 있는 양, 즉 자연이 제 기능을 유지하는 데 필요한 양보다 많아.

우리가 말하는 이산화탄소의 양은 지구가 자연 과정을 통해 대기에서 이산화탄소를 추출하여 땅속에 저장하는 데 수백만 년이 걸린 엄청난 양의 탄소 퇴적물과 동일하다고 말할 수 있어. 그런데 인류는 불과 200년밖에 안 되는 비교적 짧은 시간에 땅을 파헤쳐 그 속에 저장된 퇴적물들을 눈 깜짝할 사이에 연소시킴으로써 대기 중에 온실 가스를 배출해 왔어. 물론 처음에는 그러한 일이 지구의 자연과 환경에 어떤 영향을 미치게 될지 전혀 생각 못 했지. 하지만 시간이 흐르면서 인류의 행동이 어떤 결과를 가져오는지 조금씩 알게 되었어.

자연의 부적절한 관리 또한 마찬가지야. 산림과 습지 및 늪에는 북극 지역과 마찬가지로 엄청난 양의 탄소가 저장되어 있어. 열대 우림은 지구상에서 가장 큰 탄소 저장고라 할 수 있지. 이곳에서는 무엇과도 대체할 수 없는 매우 독특한 동식물 종을 수도 없이 찾아볼 수 있단다.

현재, 즉 2021년에는 지구상의 수많은 나라가 모든 온실 가스 배출 중단은 물론, 열대 우림을 파괴하는 행위를 당장 중단해야 한다는 것에 동의하고 있어. 하지만 모든 이가 이러한 노력에 함께하겠다는 뜻을 내보이진 않지. 심지어는 인간의 활동이 기후 변화를 야기한다는 것을 '가짜 뉴스'라 치부하며 믿지 않는 사람들도 있어.

　　고위급 정치인 가운데 한 명은 이렇게 말하기도 했지.

　　"나는 인간이 기후 변화의 원인이라고는 생각하지 않습니다. 그것이 사실이라면 이미 정치인들이 어떠한 조치를 취했을 것이라 믿기 때문입니다."

　　이런 말은 '순환 논법논증해야 하는 결론을 잠재적·현재적으로 논증의 전제로 하는 논증 방법' 그 자체라고밖에 볼 수 없을 것 같구나.

　　수많은 기후학자가 단지 온실 가스 배출을 중단하는 것만으로는 충분치 않다고 주장해. 그들은 현 상황이 너무나 위태롭기 때문에 대기 중에서 탄소를 추출하는 방법도 찾아야 한다고 하지.

　　간단하게 요약하자면, 수백만 년 동안 석유, 석탄 및 가스의 형태로 저장되어 있던 거대한 양의 탄소가 얼른 연소되어 대기 중으로 빠져나갈 날만 기다리고 있었어. 이 화석 연료는 18세기 후반부터 알라딘의 램프 안에 있는 요정처럼 램프에서 꺼내 달라며 우리를 유혹해 왔지. "나를 램프에서 꺼내 주기만 하면 당신들이 부와 권력을 가질 수 있도록 섬기겠습니다!"라고 말해 온 셈이야. 결국 인류는 그 말에 넘어가고 만 거야. 이제 우리는 램프에서 빠져나온 요정을 다시 램프 안에 가두려고 노력하고 있어. 하지만 그 일은 막강한 힘을 지닌 요정을 램프에서 꺼내는 것보다 훨씬 어려운 것으로 드러났어.

지구에 있는 모든 석유, 석탄 및 가스가 대기 중에 배출될 경우, 우리의 문명은 살아남을 수 없을 거야. 하지만 최근 국제 사회가 에너지 부문의 급진적인 구조 조정에 합의했고, 그러한 합의는 점차적으로 '소비 사회'에도 영향을 끼치게 될 테니 그런 걱정스러운 일은 일어나지 않을 것 같구나.

하지만 지금 이 글을 쓰고 있는 시점에도, 여전히 전 세계의 많은 국가와 국가 지도자들은 자국 영토 안에 있는 화석 연료를 캐내서 연소시킬 수 있는 명백한 권리가 있다고 주장하고 있어.

그렇다면 우리는 다음과 같은 질문을 던져 볼 수 있겠지.

'열대 우림 국가들은 왜 자신의 영토 안에 있는 열대 우림을 마음대로 관리할 수 있는 명백한 권리를 가질 수 없는가? 무슨 차이가 있는가? 지구의 탄소 균형 측면에서, 그리고 지구의 동식물이 멸종될 수도 있는 측면에서 무슨 차이가 있는가?'

생명체는 지구에만 있을까

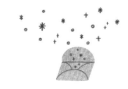

지금까지 우리는 지구 이외의 그 어떤 천체에서도 생명의 흔적을 발견하지 못했어. 물론 그렇다고 해서 저 광활한 우주에 원시적인 생명체조차 존재하지 않는다고 단언할 수는 없지. 어쩌면 언젠가는 지구에서 가까운 달이나 화성에서 원시적인 생명체를 발견할 가능성도 배제할 수는 없어. 우리는 이제 막 이웃 행성에서 미세한 생명체를 찾기 시작한 셈이거든.

우리는 지난 몇 년 동안 혹여나 먼 문명이 보내온 무선 신호를 잡아낼 수 있을까 해서 우주의 사방팔방으로 귀를 기울여 왔지만, 아직까지는 성공적인 결과를 얻지 못했어.

'지금 이 순간' 이곳에 오롯이 혼자 존재하는 우리가 그들의 신호를 잡아낼 수 있는 기술을 가지기 이전에, 이미 저 우주의 시공간에는 고등 문명이 존재하고 있을지도 몰라.

우리는 누군가를 만날 때 장소와 시간이라는 두 가지 요소를 정확히 충족시켜야 한다는 것을 알고 있어. 인류의 역사와 경험에 비추어 보았을 때, 고등 문명이라 해도 꼭 수천 년 이상 지속된 건 아니었어. 수천 년 이상 지속되었다 하더라도 그 시간은 우주 기준으로 보았을 때 순간에 불과하다고 할 수 있지.

만약 우리 은하에 지성을 지닌 고등 생명체가 있다고 가정한다면, 그들 또한 지구의 생명체와 마찬가지로 탄소 화합물에 기반을 두고 있다고 생각하는 것이 합리적일 거야. 적어도 우리 은하에는 탄소와 물이 충분하기 때문에 이를 기반으로 탄소 화합물을 바탕으로 한 생명체는 충분히 존재할 수 있으며, 탄소 화합물에 기반을 둔 생명체가 존재한다면 언젠가는 그곳에도 많은 양의 화석 탄소가 퇴적될 가능성이 있어.

우주의 낯선 문명도 특정 기술 수준에 도달하기까지, 우리가 오늘날 지구에서 겪고 있는 기후 문제와 같은 대기 위기를 겪었거나 또는 그에 굴복했을지도 모른다는 합리적 상상도 가능해. 그 낯선 지적 생명체 또한 우주로 무선 신호를 보낼 수 있을 정도의 첨단 기술 문명을 이룩하는 과정에서 화석 연료를 사용했을지도 모르잖아.

그런데 우리는 왜 아직까지 그러한 생명체가 존재한다는 기미조차 발견하지 못한 것일까? 그 이유 또한 화석 에너지의 연소와 관련 있는 것은 아닐까?

사고 실험실행 가능성이나 입증 가능성에 구애받지 않고, 사고상으로만 성립되는 실험은 사변적이며 수사학적이야. 그것은 단지 문명과 대기를 돌볼 수 있는 우리의 능력이 부족할수록 우리가 우주의 다른 문명으로부터 오는 신호를 잡아낼 가능성도 줄어든다는 것을 설명하기 위한 것일 뿐이란다.

사랑하는 레오, 오로라, 노아, 알바, 율리아, 그리고 마니. 2021
년 화창한 봄날, 나는 컴퓨터 앞에 앉아 너희를 떠올리며 이 글을
쓰고 있단다. 너희와 더 많은 대화를 나누고 토론도 해 보았으면 좋
겠구나. 특히 자신의 생각을 말로 표현할 수 있을 만큼 자란 마니
와 이야기를 나누고 싶어. (마니와 이야기 나누기 위한 또 다른 조건이라면,
그때까지 내가 살아 있어야 한다는 것이겠지.)

미래, 즉 세기말에 살고 있는 너희 세상은 어떤지 궁금하구나.
우주에서 생명체를 찾는 작업에 진전이 있는지도 궁금해.

예를 들어, 목성의 위성 중 하나에서 일종의 원시 생명체가 발
견되었다면 매우 획기적인 사건이 될 거야. 그것은 우리가 더 이상
이 우주에 홀로 존재하지 않는다는 것을 의미하기 때문이지. 만약
태양계에서만 생명체가 존재하는 행성이 두 개나 된다면, 우리가
생각하듯 생명체의 존재가 큰 의미를 지니지 않을 확률도 더 커질
거야. 즉 우리 은하계의 수많은 천체들 중 여기저기 생명체가 존재
한다면, 생명체 그 자체의 의미 또한 경이롭게 여겨지지 않을지도
몰라. 앞서도 말했듯, 우리는 이제야 우주의 천체에 관해 눈을 뜨
기 시작했어. 내가 글을 쓰고 있는 이 시점에는 이른바 외행성이라
불리는 행성이 무려 4,000여 개가 있다고 알려져 있지. 이들 외행
성은 태양계 밖의 행성으로, 태양이 아닌 다른 항성의 주위를 공전
하는 행성이야.

내가 이 글을 쓴 지 70~80년이 지난 21세기 말에도 너희가 이 글을 읽는 모습이 떠오르는구나. 그렇다면 그때의 상황은 어떤지 설명해 줄 수 있겠니? 우주에서 생명체의 흔적이 발견되었는지도 궁금하구나.

나는 그때가 되어도 외계의 다른 문명과 가벼운 의사소통조차 이루어지지 않을 거라고 생각해. 행성 간의 엄청난 거리와 짜증 날 정도로 느린 빛의 속도 때문이지. 혹여 외계와의 교신이 이루어졌다 하더라도 말 한마디가 전달되는 데 엄청난 시간이 걸릴 거야.

예를 들어, 약 10,000광년 정도 떨어진 행성에서 "안녕하세요, 거기 누가 있나요?"라는 한마디가 지구에 도착했다고 가정해 볼까? 그 신호를 받은 지구의 인류는 일종의 우주적 에스페란토를 사용해 "네, 여기 있습니다!"라고 대답하겠지. 이 대답은 외계 문명에 다시 전달되기까지 약 10,000년이 걸릴 거야. 즉 외계에서 처음으로 신호를 보낸 이들은 우리 대답이 도착할 때까지 약 20,000여 년을 기다려야 한다는 말이지. 같은 방식으로, 우리가 그들의 대답을 받기까지는 다시 10,000여 년이 걸릴 거야. "안녕하세요, 거기 누가 있나요?", "네, 여기 있습니다!", 그리고 "이거 참 재미있군요! 이제 함께 놀아 볼까요?"라는 단 세 문장을 주고받는 데 30,000년이 걸리는 셈이지.

그런데 우리 문명은 그렇게 오래 지속될 수 있을까? 먼 미래의 우리 후손들은 오늘날 지구상에서 우리가 사용하는 언어와 비슷한 언어를 사용하고 있을까? 이것은 아주 중요한 질문들이야.

우리가 우주에서 멀리 떨어져 있는 문명과 소통하려면 미래의 우리 후손들과도 소통할 수 있어야 해. 우주의 외계 문명이 멀리 떨어져 있을수록, 그들과 소통하기 위해 우리 문명은 더욱 오래 존재해야 한다는 말이야.

문득 세 명의 핀란드 벌목꾼 이야기가 떠오르는구나. 숲속에서 일하던 그들은 통나무 오두막에서 휴식을 취하며 보드카를 마시고 있었어. 한 시간 정도 지난 뒤, 그들 가운데 한 명이 잔을 들어 올리며 "건배!"라고 말했어. 그로부터 다시 한 시간이 지난 뒤에 다른 한 명이 잔을 들어 올리며 "건배!"라고 소리쳤지. 약 한 시간 정도 지난 뒤, 나머지 한 명이 얼굴을 찌푸리며 말했어.

"우리가 지금 술 마시러 온 겁니까, 아니면 헛소리를 하러 온 겁니까?"

어쨌든! 21세기 말에 살고 있는 너희에게 다시 묻고 싶구나. 나는 외계의 지적인 생명체가 우리 지구에 신호를 보내왔는지 정말 궁금해. 만약 그런 일이 전혀 없었다면, 여기에 대해 천문학자들이나 철학자들은 무슨 말을 하고 있는지도 궁금하구나.

이제 나는 다시 처음으로 돌아가서 가장 열린 방식으로 너희에게 묻고 싶어.

21세기 말에 살고 있는 너희는 70~80년 전 컴퓨터 화면 앞에 앉아 글을 쓴 이 할아버지를 놀라게 하거나 충격을 주거나, 또는 기뻐할 것이라고 생각하는 일을 경험한 적이 있니?

그렇다면 얼른 말해 보렴! 내가 너희 말을 듣지 못한다고 걱정할 필요는 없어. 그러니 얼른 말해 봐! 우리는 오두막의 술 취한 핀란드 벌목꾼들과는 달리 대화를 나눌 수 있을 거야.

너희가 아주 어렸을 때, 나는 자주 너희에게 그동안 어떻게 지냈냐고 물어보았단다. 그때마다 너희는 나름 최선을 다해 이 할아버지에게 대답해 주었지. 가끔은 코를 훌쩍이거나 칭얼대는 것으로 대답을 대신하긴 했지만 말이야. 너희가 말을 시작하기 전, 아주 어린 나이였을 때는 (사랑하는 마니, 지금 내가 이 글을 쓰고 있는 시점의 너도 아직 말을 시작하기 전이야.) 내가 무슨 말을 하는지 전혀 이해하지 못했을 거야. 그런데도 나는 자주 너희에게 말을 걸고 이야기를 해 주었단다. 적어도 너희가 내 목소리는 들을 수 있었으니까.

지금은 상황이 달라졌어. 너희는 이 할아버지의 목소리를 들을 수 없지만, 문자의 도움으로 내가 너희에게 던지는 질문을 이해할 수 있어. 나는 예전과 다름없이 너희가 어떻게 지내고 있는지 알고 싶어. 그래, 나는 너희가 어떻게 지내고 있는지 알고 싶을 뿐이야!

물론 이번엔 내가 너희 말을 이해하지 못하겠지.

어떤 면에서 우리 역할이 바뀌는 거야.

나는 무엇보다도 우리 지구의 상태가 어떤지 알고 싶어. 나의 지구라고도 할 수 있겠지. 그래, 이 지구는 나의 행성이기도 하니까. 그리고 앞으로도 항상 나의 행성으로 자리 잡고 있을 거니까. 나는 불행한 십 대에 깊은 숲속에서 겪었던 일을 믿음으로 간직하고 싶어. 즉 나는 이 지구에 살고 있는 존재일 뿐 아니라 이 지구 자체라는 사실, 이 지구를 소유하고 공유할 수 있는 권리는 나의 절대적 권리이기도 하다는 사실을….

너희가 이 글을 읽고 있을 때 대기 중 이산화탄소의 양은 어느 정도니? 또, 지구의 평균 기온은 얼마나 올랐니? 금세기 들어 15년이 지난 시점에서 우리가 설정한 목표는, 화석 연료를 사용하기 시작했을 때를 기점으로 최대 2도를 넘기지 않는다는 것이었어. 이 목표는 2015년 12월 12일, 파리에서 채택된 글로벌 협정인 파리협정에서 세운 거야. 이 계획은 지켜졌니? 아니면 재앙적 수준인 3도, 4도, 또는 5도까지 올라갔니?

대답해 보렴! 지구 온난화는 어떤 기후 변화를 가져왔니?

그린란드의 빙하 상태는 어떻게 되었니? 남극 대륙의 얼음 상태는 어떻게 되었니? 바다의 수면은 얼마나 높아졌니? 21세기 말의 과학자들은 미래의 상황을 어떻게 예측하고 있니? 그린란드의 빙하가 전부 녹아내릴 위험에 처해 있니? 이 두려운 지구 물리학적 과정이 이미 은밀하게 진행되고 있었던 거니?

태평양의 섬 가운데 위치가 달라진 섬은 몇 개나 되니? 바다에 잠긴 해안 지역은 어디니? 그 많은 해안 도시들은 여전히 제 모습을 유지하고 있니? 그 도시들은 어떻게 되었니?

치명적인 생태계의 붕괴가 일어나진 않았니? 아프리카의 사하라 사막 남쪽 지방의 농경 상태는 그대로 유지되고 있니? 세계 인구의 식량 안보 상태는 어떠니?

아프리카의 사바나에는 여전히 누와 영양, 코끼리와 기린, 사자와 표범이 뛰어놀고 있니? 세렝게티와 마사이마라에서는 여전히 모든 종류의 철새들이 이동하는 모습을 볼 수 있니? 혹시 줄지어 날아가는 철새들 대형에 여기저기 구멍 뚫린 모습이 보이는 것은 아니니?

침팬지와 고릴라의 상태는 어떠니? 수마트라와 보르네오 정글의 오랑우탄은 어떠한 상태로 지내고 있니? (인간이 마련한 우리에서 자라는 동물이 아니라, 정글에서 자유롭게 지내는 동물들을 말하는 거야.)

아마존의 상태는 어떻게 달라졌니? 설마 "네, 감사합니다. 우리는 괜찮아요. 하지만 남아메리카의 거대한 열대 우림은 더 이상 존재하지 않는답니다. 그곳은 이제 끝없는 사바나와 광활한 초원뿐이에요. 새로운 카우보이의 땅이 되었답니다···."라는 말을 듣게 되는 것은 아니겠지.

바다는 어떻게 되었니? 해양 산성화가 더 심해졌니? 산호초들은 어떻게 되었니? 그리고 물고기 등 수산 자원 상황은 어떠니?

멕시코 만류의 상태는?

너희에게 묻고 싶은 것이 한 가지 더 있어.

혹시 지난 세기 동안 지역적 또는 전 세계적인 핵전쟁이 일어나진 않았니? 만약 그렇다면, 전쟁의 원인은 무엇이었니? 관련 국가와 사람들은 어떻게 되었니?

아, 이젠 더 물어볼 용기가 나지 않는구나!

어쩌면 너희 대답을 들을 수 없는 게 다행일지도 모르겠다.

21세기 말이 궁금해

작가들은 대체적으로 일단 출간된 뒤엔 자신의 책을 잘 읽지 않아. 왜냐하면 책을 출간하기 전에 원고를 수십 번이나 읽고 또 읽거든. 출판사에 원고를 보내고 나면 문장을 고치려 해도 때가 늦어 불가능할 때도 있지.

하지만 나는 딱 한 번 출간된 내 책을 찬찬히 읽어 본 적이 있어. 《소피의 세계Sofies verden》라는 책인데, '철학 역사에 관한 소설'이라는 부제를 달고 있었지. 무언가 찾을 것이 있어서 책을 뒤적여 보았는데, 아무리 봐도 내가 찾는 것은 책에 없더구나. 그때부터 식은 땀이 흐르기 시작했어. 마치 내 가슴속에 공허한 빈 공간이 스멀스멀 자라는 것만 같았어. 결국 나는 그 책에서 매우 중요한 철학적 질문 하나를 아예 건드리지도 않았다는 사실을 인정해야만 했어. 어쩌면 가장 중요할지도 모르는 질문을.

철학적 질문은 시대를 막론하고 절대 변하지 않는 것일까? 나는 그렇다고도 할 수 있고, 아니라고도 할 수 있다고 생각해. 인간은 우주의 본질뿐 아니라 삶에서 자신의 위치에 대한 질문을 수천 년 동안 숙고해 왔어. 어쩌면 이 세상은 우리에게 그러한 철학적 사고를 지속적으로 강요해 왔는지도 몰라. 어쨌든 인류가 스스로의 존재에 관해 끊임없는 경이로움을 표출해 온 것은 사실이야.

가끔은 새로운 질문이 생겨나기도 했어. 왜냐하면 사회, 과학과 기술 등 우리 주변에 급진적인 변화가 일어났기 때문이지. 그 예 가운데 하나가 바로 컴퓨터 기술이 창조한 인공 지능이야. 컴퓨터 또는 컴퓨터 네트워크가 의식이나 자의식을 발전시킴으로써 불안, 두려움, 기쁨 등의 느낌도 가질 수 있을까? 그러한 인공 지능이 받을 수 있는 법적 보호나 권리는 무엇일까?

철학적 문제들 중에는 자연 과학으로 해결된 것도 많아. 생명체가 무엇으로 구성되어 있는가에 관한 고대의 질문은 이제 생물학적 관점에서도 답을 얻을 수 있어. 1950년대 초에 DNA 분자의 수수께끼가 해결되면서 우리는 유기체의 특성이 어떻게 대대로 유전되는지 알게 되었지. 이 질문은 플라톤Platon, 아리스토텔레스Aristoteles와 같은 초기 철학자들이 깊이 생각했던 것이고, 거기에는 그럴 만한 이유가 있었어.

하지만 아직도 우리 주변에는 철학적으로 숙고해 보아야 할 문제들이 산재해 있어. 도덕 철학의 관점에서 살펴보아야 할 문제들도 그중 하나야.

삶에서 가장 중요한 가치는 무엇인가? 정의는 무엇인가? 인간과 동물, 또는 인간의 손길이 닿지 않은 자연은 어떤 권리를 가지고 있는가? 그리고 우리의 사회 시스템 가운데 가장 좋은 것은 무엇인가?

우리 시대의 가장 핵심적인 철학적 질문은 바로 이것이 아닐까?

인류 문명과 지구에서의 삶의 바탕이 되는 근거는 어떻게 유지하고 보존해야 할까?

이것이 바로 1991년 말에 출간한 철학 소설에서 내가 건드리지 않았던 질문이었어. 이 사실을 알아챈 순간, 식은땀이 흐르더구나. 그토록 근시안적이었던 나 자신이 원망스럽기까지 했어.

나는 방금 우리 시대에서 가장 중요하다고 할 수 있는 철학적 질문을 던졌어. 여기서 '우리 시대'라는 개념은 내가 태어났을 때부터 적어도 금세기 말까지 지속되는 시간을 말하는 거야. 이미 서두에서 언급했듯, 나는 이 150년 정도의 시간이 인류의 삶에서 가장 중요한 시기이며, 따라서 지구 역사에서도 가장 중요한 시기가 될 거라고 자신 있게 말할 수 있어.

나의 세대와 내 다음 세대는, 지구의 미래를 안전하게 보존하기 위해 크나큰 노력을 기울여야 할 거야. 이 노력의 일부는 그다음 세대가 떠안아야 될 것 같구나. 그렇게만 된다면, 22세기 문턱을 넘을 무렵 인류가 직면할 가장 큰 도전 가운데 일부는 제어되고 해결될 수 있으리라 생각해.

우리 인류는 수 세대에 걸쳐 해결해야 할 문제를 간과해 왔어.

나는 이 문제에 대해 할아버지가 손주들에게 보내는 편지를 통해 다루어 보고자 해.

지구의 존재적 바탕과 인류 문명의 미래를 안전하게 보존하기 위해 우리는 무엇을 해야 할까? 이것은 실질적으로 여러 개의 질문을 포함하고 있어.

우선 이것은 도덕 철학의 문제라고도 할 수 있어. 나는 우리 후손과 문명의 미래를 책임지고 보살피는 것이 인류의 의무라고 믿고 있어. 그 방법에 관해선 이 편지의 말미에서 다시 언급할 생각이야. 나는 인간이 아닌 다른 종의 삶과 생활 여건을 보호하는 것도 우리의 도덕적 의무라고 생각해. 현재 지구의 생물학적 다양성을 무너뜨리고 있는 것은 바로 우리 인간이야. 우리는 지금 여기에 존재하는 것이 바로 우리 자신이라는 사실을 기억해야 해.

이 질문은 정치적 차원에서도 생각해 봐야 할 것 같아. 개인으로서든, 사회로서든, 또는 인류로서든 무언가를 바라고 원하는 것만으로는 충분치 않기 때문이지. 이 질문의 답을 찾기 위해서는 요구되는 것이 무엇이고, 또 거기에 따라 무엇을 해야 하는지 잘 알아야 해. 우리는 어떤 방식으로 우리의 바람을 충족시킬 수 있을까? 전 세계적 차원에서 요구되는 경제적 변화는 어떤 것이 있으며, 그것을 구현하기 위해 우리는 무엇을 해야 할까? 지구의 자원을 보다 공평하게 분배하기 위해서는 어떤 기본적 조치를 취해야 할까? 세계에서 가장 부유하고 자원이 풍부한 국가들이 자발적으로, 또는 강제적으로 포기해야 하는 특권은 어떤 것이 있을까? 그러한 필수적인 변화는 끝없이 이윤을 추구하는 자본주의의 개념과 양립할 수 있을까?

지금 이 글을 쓰고 있는 시점, 우리는 현대 사회에서는 단 한 번도 경험하지 못한 유례없는 팬데믹에 직면해 있어. 이와 비슷한 예는 약 100여 년 전 창궐했던 스페인 독감을 들 수 있지. 최근 몇 년 동안 작은 지역 공동체는 물론, 각각의 국가를 비롯한 세계 공동체에 이르기까지, 모든 인류가 팬데믹을 해결하기 위한 필요한 조치를 위해 함께 협력하고 노력을 기울여 왔어. 그것은 내가 말한 자발적인 것과 강제적인 것 사이의 섬세한 균형을 의미해.

*

모든 윤리의 핵심적인 바탕은 '황금률' 또는 상호성의 원칙이라고 할 수 있어. 다른 사람들이 우리에게 해 주기를 바라는 것과 마찬가지로 우리도 다른 사람들에게 그렇게 해 주어야 한다는 것이지. 하지만 황금률은 단지 수평적 차원, 즉 '우리'와 '다른 사람'들 사이에서만 적용되는 것은 아니야. 상호성의 원칙은 수직적 차원에서도 적용될 수 있어. 즉 우리는 이전 세대가 우리에게 해 주었으면 하고 바란 것을 다음 세대에게 해 줄 수 있어야 한다는 말이지.

이것은 나 자신을 사랑하듯 이웃을 사랑해야 한다는 말처럼 매우 간단해. 물론 여기에 다음 세대도 포함해야겠지. 즉 우리 이후에 이 지구에서 살게 될 모든 사람들을 포함해야 한다는 말이야.

지구상의 인류는 동시에 살지 않아. 전 인류가 동시에 살 수 없는 것은 자명한 일이지. 이 지구에는 우리보다 먼저 살았던 사람도 있고, 일부는 지금 우리와 함께 살고 있으며, 또 다른 일부는 우리 이후에 살게 될 거야. 물론 우리 이후에 살게 될 사람들도 우리와 같은 인류야. 나는 우리보다 먼저 이 행성에 살았던 사람들이 우리에게 해 주기를 바랐듯, 우리도 다음 세대에 살게 될 사람들에게 같은 식으로 해 주어야 한다고 생각해.

너무나 간단한 일이지 않니? 다시 말해서, 우리는 현재 우리에게 삶을 허용한 지구보다 그 가치가 더 줄어든 지구를 후손에게 물려주어서는 안 돼. 지금보다 더 적은 양의 바닷물고기, 더 적은 양의 생수, 더 적은 양의 음식, 더 적은 양의 열대 우림, 더 적은 양의 산호초, 더 적은 동식물의 종….

더 적은 아름다움! 더 적은 경이로움! 더 적은 영광과 기쁨!

20세기 내내 전 세계 사람들이 점점 초국가적 관습과 의무에 의존하게 되었다는 사실은 명백해졌어. 이러한 초국가적 법률 시스템 가운데 가장 획기적인 건 1948년 유엔에서 발표한 세계인권선언이라고 할 수 있을 거야. 세계인권선언은 아마도 현재까지의 철학과 윤리학의 역사 가운데 가장 위대한 개가라고 해도 과언이 아닐 것 같구나. 우리의 인권은 신에게서 받은 것도 아니고, 공기 중에 떠다니는 것을 얼떨결에 낚아챈 것도 아니야. 즉 세계인권선언은 수천 년 인류 역사에서 성숙되어 온 과정을 통해 마침내 제시된 중요한 이정표인 거야.

21세기의 가장 중요한 질문 가운데 하나는 우리가 기본적 의무는 이행하지 않으면서 얼마나 많은 권리를 행사할 수 있느냐 하는 거야. 어쩌면 우리에겐 새로운 초국가적 이해가 필요할지도 모르겠구나. 이제는 인간의 권리가 아니라 인간의 의무를 전 세계적으로 공표할 때가 된 것 같아.

이러한 관점이 점점 중요하게 떠오르고 있다는 예는 유엔의 '지속 가능한 개발 목표'에서도 찾아볼 수 있어.

개별 국가와 개인의 책임을 간과한 채, 개인의 자유와 권리에만 초점을 맞추는 것은 이제 더 이상 의미가 없어. 이러한 책임 가운데 가장 중요한 것은 우리가 살고 있는 지구, 즉 아폴로 8호가 달의 뒷면에서 보았던 '지구돋이'의 주인공이자 보이저 1호가 태양계의 외곽에서 사진에 담았던 작고 푸른 행성을 보존해야 할 책임과, 역시 이 지구에 살게 될 다음 세대의 권리를 보장해야 할 책임이야.

지구의 존재적 바탕을 보호하기 위해서는 사고방식의 코페르니쿠스적 전환이 필요하다고 생각해. 모든 천체가 지구를 중심으로 공전한다고 믿는 것이 순진한 것과 마찬가지로 우리 시대가 가장 중요하다고 믿는 것도 순진하기 짝이 없는 생각이지. 앞으로 다가올 모든 시대보다 우리 시대가 더 중요하진 않아. 물론 우리에겐 지금 살아가고 있는 이 시대가 무엇보다 중요한 의미를 지니겠지. 하지만 지금 이 시대가 우리 후손들의 시대보다 더 중요한 것처럼 살아서는 안 돼. 물론 우리가 사는 이 시대를 사랑하는 것은 결코 이 기적이라 할 수 없어. 하지만 우리의 시간을 존중하듯 후손의 시간도 존중해야 해. 이것이 바로 인류애에 관한 코페르니쿠스적 사고의 전환이라 할 수 있겠지.

우리는 개인과 국가 간의 관계에서 가장 강한 자가 가장 큰 권리를 누리는 '자연 상태'에서 벗어나는 데 성공했어. 하지만 세대 간 관계에 있어서 우리는 여전히 무법 상태에 있다 해도 과언이 아니야.

지구 중심적 세계관은 무지한 사고방식이라 할 수 있겠지. 하지만 우리가 삶을 공유하고 있는 지구 말고도 그럴 수 있는 행성이 더 있는 것처럼 기고만장하며 사는 것이 과연 지구 중심적 세계관보다 더 현명한 사고방식이라 할 수 있을까?

믿음의 삶을 사는 것도 개인의 몫이고, 이 세상의 구원을 바라는 것도 개인의 몫이라 할 수 있어. 하지만 우리는 새로운 하늘과 새로운 땅이 우리를 기다리고 있다는 가정하에 이 세상을 살 수는 없어. 게다가 어떤 초자연적인 힘이 '심판의 날'을 불러올지도 의문이야. 그러나 언젠가는 우리가 후손들에게 심판받게 될 것만은 분명하지.

생물 다양성이 위협받고, 기후가 위기에 처하게 된 것은 모두 인간의 탐욕 때문이야. 하지만 욕심 많은 자들은 탐욕 그 자체에 대해선 걱정하지 않지. 이러한 예는 역사에서도 많이 찾아볼 수 있어. 그중 가장 좋은 예는 바로 내가 속한 세대의 탐욕이 아닐까 싶구나. 다른 역사적 시대에는 노예 제도를 비롯한 다양한 형태의 파렴치한 제도를 통해 권력을 과시하는 사람들이 있었지. 하지만 구시대의 노예 경제는 이제 또 다른 형태의 노예 제도로 대체되었어. 나는 이것을 석유 경제라고 불러. 다른 점이 있다면, 석유 경제의 노예는 아직 특정되지 않았다는 거지. 나는 우리 시대 사람들이 흥청망청 파티를 한 결과, 훗날 그 대가를 치르느라 힘겹게 살아갈 우리 후손들을 걱정하지 않을 수 없구나. 물론 석유와 석탄은 수많은 사람을 가난에서 구제했어. 동시에, 사람들은 바로 이것 때문에 걷잡을 수 없는 낭비와 과소비의 구렁텅이에 빠지게 되었지.

159리터 남짓 되는 석유 한 배럴을 생산하는 데는 약 1만 시간 또는 6년 동안의 육체노동이 들어. 하지만 오늘날에는 엄청나게 많은 양의 석유가 배럴당 겨우 100달러도 안 되는 값에 팔리고 있지.

석유를 소유한 사람은 아무도 없어. 단지 퍼 올리기만 하면 돼! 그러나 얼마 가지 않아 석유는 동이 날 거야. 그때가 되면 우리는 석유를 사용할 수 없게 되겠지. 하지만 화석 탄소의 상당량은 이미 연소되어 대기 중으로 배출되었고, 우리는 이처럼 오염된 대기를 후손들에게 물려줄 수밖에 없어.

우리는 상호성의 원칙에 따라 다음 세대를 위해 재생 불가능한 자원 사용을 제한해야 해. 동시에, 우리 후손들이 이러한 자원 없이도 살아갈 수 있을 만큼의 바탕을 마련하는 것도 매우 중요하지.

윤리적 질문에 대한 답을 찾는 것이 늘 어렵지만은 않아. 단지 그 답이 가져올 결과를 받아들이는 우리 능력이 충분하지 않을 뿐이야. 우리가 후손을 생각하는 것을 잊는다면, 그들은 결코 우리를 잊지 않을 거야.

인간 본성의 특징은 매우 수평적이고 단기적이라 할 수 있어. 인간은 늘 위험에 처하거나 잡힐 가능성을 경계해서 주위를 두리번거렸지. 그렇게 함으로써 스스로는 물론 주변인들을 보호할 수 있는 본능적 능력을 갖출 수 있었던 거야. 하지만 우리에게는 다른 종의 생물은 고사하고, 미래를 살아갈 우리 후손들을 보호하려는 본능은 없는 것 같구나.

우리가 다른 종의 유전자보다 스스로의 유전자를 더 선호하는 것은 생명을 가진, 살아 있는 존재로서의 본성이라고도 할 수 있어. 하지만 우리에겐 4~8세대에 걸친 긴 시간 내내 자신의 유전자를 보호할 수 있는 자연적인 능력이 없단다. 이것은 우리가 배워서 익혀야 하는 거야. 우리가 인간의 권리에 대해 자각하고 배우고 익혀야 했던 것과 마찬가지지. 조금 달리 말하자면, 우리가 인권과 관련된 규범을 배워 이를 내면화하고 국제화시킨 과정과 다르지 않다고도 할 수 있어.

인류는 먼 옛날 아프리카에서 처음 시작한 이래 발전을 거듭했으며, 종이 끊기는 것을 막기 위해 힘겨운 투쟁을 계속해 왔어. 우리가 지금 존재할 수 있는 이유는 바로 그 투쟁이 성공했기 때문이야. 하지만 인류의 발전은 도가 지나칠 정도로 성공적이었기에 현재 우리 자신의 존재적 근거까지도 위협받고 있어. 아니, 우리뿐 아니라 다른 종들의 존재적 바탕마저도 위협받고 있지.

장난기 있고, 독창적이며, 허영심도 있는 우리 인간은 종종 우리가 자연 그 자체라는 사실을 망각해. 하지만 지구의 미래까지 장난기 있고 독창적이며, 허영심으로 대해도 될까?

우리는 이제 서로에게만 의지하며 살아갈 수는 없어. 우리의 삶은 이 지구에 속한 것이기 때문이지. 그리고 지구는 우리의 정체성 가운데 핵심적인 부분이기도 해.

이것은 그 옛날 깊은 숲속 하늘 아래에서 자다가 동이 틀 무렵 눈을 뜨자마자 나를 덮쳤던 생각이기도 해.

내가 컴퓨터 앞에 앉아 자판을 두드리는 하나의 미약한 신체에 불과했다면, 나는 희망 없는 존재였을 거야. 하지만 나에게는 내 신체와 지구에서의 짧디짧은 삶보다 더 깊은 정체성이 있어.

*

우리는 문화적, 역사적 조건과 우리를 키워 온 문명에 의해 형성된 존재라 할 수 있어. 우리는 종종 문화유산을 관리한다는 말을 하지. 하지만 우리는 이 지구의 생물학적 역사가 만들어 낸 존재잖아. 그러니 오히려 우리는 유전학적 유산을 관리한다고 해야 하지 않을까? 우리는 영장류이며, 척추동물이야.

우리가 인간으로서의 모습을 지니기까지는 수십억 년이 걸렸어. 한 인간이 창조되기까지 수십억 년이 걸렸다는 사실을 한번 생각해 보렴! 그런 인간이 세 번째 밀레니엄 시대가 도래할 때까지 살아남을 수 있을까?

시간은 무엇일까? 가장 먼저 개인의 시간이 있고, 그다음엔 가족, 문화, 기록 문화의 시간이 있지. 그리고 마지막으로 지질학적 시간이 있어. 우리는 약 3억 5,000만 년 전에 바다에서 기어 나온 네 발 달린 동물의 후손이야. 궁극적으로 우리는 우주적 시간의 축과 연결되어 있어. 우리는 약 138억 년이나 된 우주에서 살고 있지.

실질적으로, 앞에서 언급한 시간적 개념은 언뜻 생각하는 것과는 달리 그다지 막연한 것은 아니야. 우리에겐 이 우주를 보금자리라 느낄 만한 충분한 이유가 있어. 이미 말했듯이 우리가 살고 있는 이 지구의 나이는 우주 나이의 약 3분의 1이지. 그리고 인간은 생물학적으로 분류했을 때 척추동물문에 속해. 척추동물 인간의 나이는 태양계 및 지구 나이의 약 10퍼센트야. 이렇게 따지고 보니 우주의 나이도 무한한 것만은 아니라는 생각이 드는구나. 물론 반대로도 생각해 볼 수 있겠지. 즉 우리의 뿌리와 보편적인 지구 토양과의 관계는 매우 깊다고도 할 수 있다는 말이야.

어쩌면 우리 인간은 전 우주에서 보편적 의식을 지닌 유일한 생명체일지도 몰라. 나는 우리가 이 거대하고 신비한 우주의 핵심적인 부분이라는 생각을 할 때마다 온몸에 전율을 느껴. 그렇다면 우리의 생명과 존재적 바탕이 되는 이 지구를 보존하는 것은 단지 세계적일 뿐 아니라 우주적 책임이라 해도 과언이 아닐 거야.

자연의 빈자리

우리는 지금 여기 홀로 존재하지 않아. 지구의 미생물, 식물, 버섯 또는 동물을 비롯한 모든 유기체들은 인간과 마찬가지로 길고 긴 역사적 배경을 가지고 있어. 언뜻 상상할 수 없을 정도로 막연하게 여겨지기도 하겠지만, 사실 인간은 지구의 다른 모든 생명체와 긴밀하게 연결되어 있어. 나는 어린 시절 숲속을 뛰어다니며 놀 때 이 사실을 깨달았지.

2019년 유엔의 생물다양성 과학기구에서 발표한 지구 상태에 관한 보고서는 몹시 비관적이었어. 이 보고서에 의하면, 지구의 생태계는 빠른 속도로 악화되고 있으며, 수백만 종의 동식물이 멸종위기에 처해 있다는구나. 특히 50만여 종의 동식물 상태는 너무나 심각해서 장기적으로 볼 때 생존 가능성이 거의 없다는 거야. 이들의 서식지는 이미 매우 큰 위험에 처해 있기에, 이들 가운데 가장 상태가 심각한 종을 '살아 있는 시체'라고 부르기도 해. 이들의 서식지는 점점 줄어들고 있어서, 앞으로 이들 종이 살 수 있는 시간은 몇 년밖에 되지 않아. 전 세계 10퍼센트에 이르는 동물과 식물은, 비록 몇몇 개체는 근근이 생명을 이어 가고 있지만 현실적으로는 이미 멸종되었다고 해도 과언이 아니야.

멸종 위기에 처한 동식물 목록은 '매우 심각한 상태', '심각한 상태' 또는 '취약한 상태'로 분류되어 있어. 게다가 운명의 장난처럼, 이러한 목록에 등장하는 동식물들은 화보집에 실린 사진처럼 선명하고 아름다운 색으로 인쇄되어 있지. 앞으로 멸종 위기에 처한 종의 목록과 사진들이 점점 많아질 것 같아. 모두 사진작가들이 저작권을 가진 사진들이겠지.

지금 내 앞에도 그런 책이 한 권 있어. 꽤 오래전에 출간된 책이야. 아마 너희도 비에른베이엔에 있는 우리 집에 놀러 왔을 때 한 번쯤은 뒤적여 본 적이 있을 거야.

제목은 '자연의 빈자리A gap in nature'이며, 부제목은 '세계의 멸종된 동물을 찾아서'야. 오스트레일리아의 고생물학자이자 박물학자인 팀 플래너리Tim Flannery가 쓴 책이지. 표지에는 1681년에 모리셔스에서 마지막으로 발견된 도도새 한 마리가 그려져 있어. 초판에는 1600년대에 뉴질랜드 마오리족에 의해 멸종된 새인 모아가 그려져 있었지.

즉 지구의 생물학적 다양성을 무너뜨리는 데 일조한 사람은 백인뿐이 아니라는 말이지. 새로운 사실은, 이제 동식물들의 멸종 속도가 실제로 그 어느 때보다 빨라졌다는 거야. 현재 우리가 유지하고 있는 것은 인간의 본성, 즉 우리의 단기적 실용주의적 사고방식 뿐이라 해도 과언이 아니야.

나는 이런 화보집에서 호랑이, 사자, 레퍼드 같은 포식 동물들의 화려한 사진을 보게 될 날이 오지 않기만을 바랄 뿐이야. 솔직히 지금 이 글을 쓰고 있는 순간에는 설마 그런 날이 올까 하는 생각도 들어. 물론 그런 날을 염두에 두고 글을 쓰고 있는 것은 아니지만 말이야. 단지 일어나지 않았으면 하는 어떤 일을 강조하기 위해 역설적으로 말하고 있는 거야. 즉 철학에서 말하는 반사실주의적 사고를 하고 있는 거지.

하지만 나는 분류학적 체계를 바탕으로 멸종된 동식물 종을 세밀하게 나누어 놓은, 화려한 사진들로 가득한 방대한 화보 작업을 상상해 보곤 해.

첫 장은 멸종된 식물과 버섯으로 구성할 수 있을 것 같아. 나는 기후 변화 때문에 사라진 산속의 야생화나, 일부 단작 작물 때문에 열대 서식지를 내주고 자취를 감추어 버린 동양의 난초 등을 엮어 꽃다발 만드는 일을 상상하는 것만으로도 벌써 향수에 젖어든단다.

두 번째 장은 무척추 동물이야. 연구자들은 그다지 중요하게 여겨지지 않는 동물들도, 멸종되기 전에 이미 고해상 이미지를 확보해 두었을 거야. 대규모 인공 수분이라는, 완전히 새로운 형태의 농업에 의존하기 전에 전적으로 의존해야 했던 가루받이해 주는 곤충들처럼 말이야. 하지만 열대 우림 지역의 수많은 동식물 종은 우리가 모습과 형태를 설명하기도 전에 사라져 버릴지도 몰라.

세 번째 장은 물고기지. 이미 많은 종이 멸종 위기에 처해 있으며, 점차적으로 완전히 사라질 가능성이 있어. 특히 산호초는 해양의 심각한 산성화로 인해 사라지기 직전에 있지. 해양의 산성화는 바다와 대기 중의 이산화탄소 양이 증가하여 생기는 것으로, 이미 경고된 바가 있지. 그 때문에 바다의 열대 우림이라 불리는 산호초들은 물론, 정신이 혼미해질 정도로 다양하고 화려한 색의 물고기 종이 멸종 위기에 처해 있어. 하지만 그동안 발행한 여행 잡지에 이미 형형색색의 물고기 사진이 실려 있지. 적어도 이 사진들은 후손들에게 물려줄 수 있을 것 같구나. 헨리크 입센의 〈들오리Vildanden〉라는 작품을 보면, 성대한 저녁 식사에 초대된 아버지가 집에서 기다리고 있는 딸 헤드비를 위해 음식 싸 오는 것을 잊어버리는 이야기가 나와. 하지만 아버지는 메뉴 책자를 가져오는 것만큼은 잊지 않았지. 헤드비는 메뉴 책자를 보며 자신이 먹지 못한 것이 무엇이었는지 상상할 수 있었어. 아버지는 헤드비에게 메뉴 책자에 나오는 다양한 음식들의 맛이 어땠는지 설명해 주겠다고 제안하기까지 하지. (우리 지구의 생물학적 다양성이 심각하게 위협받기 시작했을 때와 발맞추어, 마치 약속이라도 한 듯 사진 기술과 디지털 정보 저장 기술이 급격히 발전하고 널리 퍼졌다는 것은 운명적 역설이라는 생각이 들지 않니?)

네 번째 장은 양서류야. 우리는 이미 기발한 포즈의 개구리와 도롱뇽의 다채로운 사진에 익숙해 있어. 유엔 생물다양성 과학기구의 보고서에 의하면, 전 세계 양서류의 40퍼센트가 멸종 위기에 처해 있다고 해. 그중에서 적지 않은 수의 종들이 세계보존연맹이 제시한 멸종 위기에 처한 동식물 목록에도 이름을 올리고 있지. 이제 동물 문학이 대두되기 시작했어. 동물 문학? 지금은 생소한 말일지 몰라도, 언젠가는 판타지 문학처럼 문학의 한 장르로 자리 잡을 것 같다는 생각이 들어. 그때가 되면 책을 읽는 어린 독자들은 이렇게 말하겠지.

"정말이에요? 이렇게 이상한 동물이 우리 행성, 지구에 살았다고요?"

다섯 번째 장은 파충류야. 내 예측에 의하면 이 장도 큰 성공을 거둘 수 있을 것 같아. 나는 이미 우리가 희귀한 동물이라 부르는 거북이, 뱀, 도마뱀 등이 그려진 화려한 포스터를 상상하고 있어. 이 동물들 중에는 실제로 고대에 살았거나, 고대에 살았을 것처럼 보이는 동물들도 있지. 우리는 종종 이런 동물들을 '살아 있는 화석'이라 부르기도 해. 먼 미래에는 이것들을 '사진 화석' 또는 '광학적 화석'이라 부를지도 모르겠구나. 왜냐하면 이 동물들은 멸종되기 직전에 사진으로 남겨질 수 있으니 말이야. (여기서 곁들이고 싶은 이야기가 있어. 이슬람에서는 살아 있는 동물의 형상을 본뜨는 사람들을 죄인으로 취급하는 것이 전통이야. 그들은 형상을 살아나게 할 때까지 신의 형벌을 받으며 죄인으로 지내야 했지.) 어쩌면 언젠가 인류도 이와 비슷한 판결을 받게 될지도 몰라.

헨리크 베르겔란Henrik Wergeland의 시를 인용해 볼게.

화려한 나비 한 마리가
신의 손에서 날아갔다.
신은 나비에게 황금색 날개와
포도주색 리본 장식을 주었다.
(…)
세상의 모든 사람과
모든 왕의 사자使者들조차도
나비에게 같은 일을 할 수 없다.
그것은 오직 신만이 할 수 있는 일이다.

이제 여섯 번째 장으로 넘어가 볼까. 조류. 이 장은 시각적으로
매우 화려할 것 같아. 지금 내 책상 위에 있는《지구의 빈자리》에도
아름답고 화려한 그림과 사진 들로 가득해.

몇 년 전, 월드워치연구소미국 워싱턴에 있는 세계적인 민간 환경 연구 기관에서
발간한 국제 연례 보고서 제목이 '그리고 새들은 사라지기 시작했
다'야. 이 제목은 특히 노르웨이의 해안 지방과 깊은 관련이 있다
해도 과언이 아니야. 노르웨이의 멸종 위기에 처한 동식물 목록을
살펴보면, 적지 않은 수의 조류들이 이미 '매우 심각한 상태'에 처
해 있다고 분류되어 있고, 그보다 더 많은 수의 조류들은 '심각한
상태'에 직면해 있다는 것을 알 수 있어. 물론 '취약한 상태'에 처한
조류의 종들은 그보다 훨씬 많지.

이제 단 하나의 장이 남았구나. 어쩌면 바로 이 장이 핵심일지

도 몰라. 너희도 이미 짐작했겠지만 일곱 번째 장 제목은 포유류야. 여기에는 참으로 볼만한 것들이 많이 있을 것 같지 않니? 화려하고 커다란 양면 포스터를 부록으로 첨부하는 것도 좋을 것 같아. 슬픔에 잠긴 것 같은 침팬지, 고릴라, 오랑우탄 등의 순간적 표정이나 움직임 등을 잡아낸 멋진 사진들을 이 장에서 볼 수 있을 거야. 내셔널지오그래픽에서나 볼 수 있을 것 같은 훌륭한 사진들이 대부분이겠지. 뿐만 아니라, 그 사진들에 매료되어 열정적으로 책장을 넘기는 우리의 어린 후손들도 쉽게 떠올릴 수 있어. 이것들은 광학적 보물이라 해도 과언이 아닐 거야. 이미 오래전에 이루어진 이미지의 디지털화로 인해 증조할아버지 시대에 처음 찍혔을 때처럼 선명한 색과 윤곽을 보존하고 있겠지. 물론 사진에 찍힌 동물들은 이미 자연에서 사라진 뒤일지도 몰라. 그처럼 훌륭한 사진이 찍힌 뒤 불과 수십 년도 지나지 않아 사진 속 동물들이 자연에서 사라졌다고 생각해 보렴. 마치 아름다운 동화책의 마지막 장을 넘겼을 때와 마찬가지로 허무함이 밀려들 것 같구나. (그래, 언젠가 이 행성에도 수많은 종의 동식물이 함께 모여 살던 때가 있었단다. 그것이 바로 가슴 시릴 정도로 아름다운 동화가 아니고 무엇이겠니.) 고대에 살았던 공룡과 우리 인간 때문에 멸종된 커다란 포유류의 다른 점은 바로 이 선명하고 아름다운 사진이야. 적어도 우리에겐 포유류의 사진들이 있잖아. (그래, 우리는 포유류의 사진을 더 늦지 않게 찍어 보관할 수 있었기에 다행일지도 몰라.)

공룡과 익룡 등을 설명한 사실적인 책들은 그 자체만으로도 흥미롭지. 물론 이 책들에서 볼 수 있는 고대 동물들은 단순한 선으로 표현한 스케치에 불과해. 당시 자연에서 이 동물들이 살았다는 사실을 알려 준 점에서는 칭찬받아 마땅하지. 하지만 언젠가는 공룡을 향한 아이들의 관심이 멸종된 포유류를 향한 관심으로 대체될 것 같구나. 어린아이들에게는 선명하고 아름답고 사실적인 사진이 더 매혹적으로 보일 테니까.

방금 섬뜩한 만화경을 보여 준 건 단지 우리 행성이나 종의 다양성에 관한 비관주의를 펼치고자 해서가 아니야. 지금은 비관주의 같은 사치를 부릴 때가 아니거든. 그래, 비관주의는 쇠퇴의 지름길이지. 우리는 전투 태세를 갖춰야 해. 비관주의는 다른 말로 표현하자면 게으름, 또는 책임 회피라고도 할 수 있어. 우리의 싸움은 아직 끝나지 않았고, 그렇기에 우리가 싸움에서 졌다고도 할 수 없어. 그러나 우리 인간은 지금도 여전히 이 행성의 생태계에 크나큰 해를 입히고 있어. 그렇게 하는 것은 바로 우리이고, 우리는 지금 이 순간에도 그 짓을 하고 있어.

사랑하는 레오, 오로라, 노아, 알바, 율리아, 그리고 마니. 이제 아름답고 희망찬 생각을 해 보렴. 21세기 말에 이르렀을 때, 너희 중 한 명은 이 글을 읽고서 어이없다는 듯 두 팔을 활짝 벌린 채 이렇게 소리칠지도 몰라.

"세상에!!! 현재 사정은 할아버지가 경고한 것만큼 나쁘지 않다고요. 지구의 자연은 이전과 거의 달라진 것이 없어요. 아프리카 사바나에는 여전히 코끼리 떼들이 어슬렁거리며 거닐고 있고, 커다란 포유류들 중에도 멸종된 것은 하나도 없어요…. (할아버지는 정말 어쩔 수 없는 비관주의자였던 것 같군요!)"

그래, 그게 바로 아름답고 희망찬 생각이야. 하지만 그런 일은 저절로 이루어지는 것이 아니란다.

지속 가능한 삶

인류의 역사를 살펴보면 지구의 생명체가 삶의 위협을 느낀 일이 꽤 자주 있었다는 것을 발견할 수 있을 거야. 수많은 고대 종교에서는 우주적 질서를 매우 취약하고 일시적인 것으로 간주했지. 태초에 혼돈이 있었고, 그 혼돈 속에서 질서 있는 세계 또는 우주가 생겨났어. 하지만 이 세상은 언제든지 다시 혼돈 속으로 빠져들 수 있는 것으로 여겨졌지.

바이킹 시대에는 생명력과 선을 옹호하는 세력과, 파괴력과 악을 옹호하는 세력 사이에 위태로운 힘의 균형이 이루어졌어. 삶과 번식을 주관하는 선한 신들은 에시르와 바니르였고, 혼돈을 주관하는 악의 신들은 요툰이었어.

고대 북유럽 신화에서의 세상은 끊임없이 사람들을 다시 혼돈에 빠뜨리려고 하는 요툰과 트롤 또는 고대 괴물 때문에 늘 긴장이 감돌았어. 그들을 억제하는 것이 인간과 선한 신들의 임무였지.

고대 노르드 지역, 즉 오늘날의 북유럽 지역에서는 봄은 물론 가을도 저절로 오지 않았어. 생명을 유지하는 힘은 인간의 도움 없이는 발휘될 수 없었지. 선한 신들에게 힘과 능력을 준 존재는 바로 인간이었어. 인간은 특정한 제례 의식을 통해 선한 신들에게 힘과 능력을 전달해 주었지.

특히 다산과 번식을 위한 의식이 만연했는데, 이를 관장한 신들 가운데 가장 큰 권력을 행사한 존재는 바로 프레이와 프레야였어. 물론 토르와 오딘이 속한 에시르 신족에게 힘을 전달하는 것도 매우 중요한 일이었지. 파괴와 혼돈을 추구하는 요툰을 비롯한 모든 사악한 세력의 교활한 속임수와 위협에서 세상을 지켜 나가기 위해서였어. 혼돈과 파괴를 추구하는 사악한 세력 가운데 가장 교활한 것은 트림이었지.

〈트림의 서사시〉를 보면, 토르의 망치인 묠니르를 훔친 것이 바로 트림이었다고 기록되어 있어. 그것은 매우 중대하고 심각한 상황을 초래했지. 왜냐하면 토르의 망치, 묠니르를 지배하는 자가 세상의 운명을 결정할 수 있었기 때문이야. 트림은 다산의 여신인 프레야가 자기와 결혼해 주면 토르의 망치를 돌려주겠다고 했어. 그 말을 들은 프레야는 너무나 분노해서 신들의 세상인 아스가르드 전체가 부르르 떨릴 지경이었지. 그 때문에 모든 생명의 기초가 악의 세력한테 넘어가게 될까 봐 신들의 세계인 아스가르드는 물론 인간의 세계인 미드가르드 또한 불안에 휩싸이게 되었어. 최악의 경우엔 세상의 종말, 라그나로크가 도래할 수도 있는 일이었지. (하지만 신들의 세계에서 제임스 본드로 통하는 로키가 등장하면서 이 드라마는 행복한 결말을 맺을 수 있었어.)

여기서 우리는 테러리즘과 강탈의 전형적인 예는 물론, 아직까지도 우리 사회에서 자취를 감추지 않은 속임수와 난폭함을 볼 수 있어. 실제로 오늘날 우리 사이에서도 요툰의 트림을 연상시키는 광대를 찾는 것은 그리 어렵지 않은 일이야.

고대 노르드 시대의 불안정한 질서를 잘 표현한 그림 가운데 하나는 바로 세계를 지탱하는 나무, 위그드라실이야. 당시 세상의 안전과 힘은 모두 이 나무와 긴밀하게 연결되어 있었어. 위그드라실이 무너진다면, 세상도 함께 무너진다고 믿었지.

하지만 위그드라실도 혼돈과 악의 힘에 위협을 받았어. 나무뿌리 옆에는 무시무시한 용, 니드호그가 살고 있어서 끊임없이 나무를 갉아 먹으며 세상을 무너뜨리려고 했지. 나무 꼭대기에는 독수리 한 마리가 살고 있었어. 라타토스크Ratatoskr는 바로 이 나무의 꼭대기와 뿌리를 바쁘게 왔다 갔다 하던 청설모야. 라타토스크는 줄기차게 세계수世界樹 위아래를 오가며 니드호그의 악을 운반했지.

라타토스크는 불안정한 세계 질서를 의미하는 존재였어. 라타토스크의 꾐에 빠져 용과 독수리가 서로 날카로운 발톱을 드러내고 싸우게 되는 날은 언제 올까? 이들 때문에 세계수가 전쟁터로 변하는 날은 언제 올까?

오늘날에도 크렘린과 백악관, 또는 백악관과 국회 의사당을 오가며 이간질하는 라타토스크의 존재를 떠올리는 것은 그리 어렵지 않을 것 같구나.

우리가 전적으로 의지할 수 있는 선한 신이 없는 오늘날, 현대의 라타토스크, 즉 국제 무대에서 우리를 위협하는 악의 무리를 물리칠 수 있도록 우리는 서로 협조해야 해. 왜냐하면 지구의 생명을 위협하는 것은 더 이상 신화에서만 찾아볼 수 있는 힘이 아니기 때문이야. 선한 신들과 트롤들은 우리 안에 있어.

나는 앞서 이미 1년 넘게 우리를 고통스럽게 만든 전염병에 대해 말했어. 우리 중에는 전염병의 위험 (또는 방역의 이점)을 믿지 않는 사람들도 있어. 그들은 종종 인간의 행위로 말미암은 기후 변화를 믿지 않는 사람들, 진화론을 믿지 않는 사람들, 열대 우림의 소중한 가치를 믿지 않는 사람들, 그리고 민주적 선거 결과가 자신에게 유리하지 않을 때 그 결과를 믿지 않는 사람들과 맥을 같이하지.

그들은 우리 시대의 트롤 또는 혼돈을 초래하려는 세력으로서 여기저기서 쉽게 찾아볼 수 있어.

트롤들은 주로 인터넷에서 자주 볼 수 있지. 우리는 그들을 '인터넷 트롤'이라 불러. 그들은 사회 질서를 무너뜨리고 우리 사이에 갈등과 분란을 만들기 위해 밤낮으로 움직여. 혼란을 일으키고 잘못된 정보를 퍼뜨리는 자들은 좌절감과 분노에 찬 작은 트롤의 집합체라고 할 수 있어. 악명 높은 라타토스크와 그리 다르지 않지. 트롤들은 익명 뒤에 숨어 개별적으로 행동하지만, 자체 조직된 일종의 '트롤 공장'을 발판으로 조직적인 방식으로 행동하기도 해.

나는 어렸을 때 모든 사람이 한결같이 선하다고 믿었어. 하지만 그런 믿음에서 벗어난 지 오래야. 신화에서 볼 수 있는 선과 악의 구분은 우리 인간들 사이에서도 찾아볼 수 있다고 생각해. 그렇지 않다면, 신화 속의 이분법이 어디서 유래되었겠니?

어떤 사람들은 세상과 인간의 발전을 위해 도움되는 일이라면 무엇이든 할 준비가 되어 있어. 나는 그런 사람들 가운데 일부나마 만날 수 있는 행운을 누렸어. 하지만 어떤 사람들은 세상을 분열시키는 데 혈안이 되어 있지. 그들은 특히 익명으로나 비밀리에 그런 일을 할 수 있다면 물불을 가리지 않아. 불행하게도 나는 그런 사람들 가운데 일부도 만난 적이 있어. 몇 번은 그런 사람들 때문에 마음에 큰 상처를 받은 적도 있단다.

그러나 우리 대부분은 이러한 양극 사이 어딘가에 자리 잡고 있을 것이라고 생각해. 나는 삶을 통해 우리 각자의 내면에 작은 트롤이 살고 있다는 것을 배웠어.

부모가 자녀에게 할 수 있는 가장 중요한 일은, 자녀를 선한 마음과 사랑으로 대하는 것이라고 생각해. 그다음으로 중요한 것은 자녀들이 선한 마음과 사랑으로 타인을 대할 수 있도록 가르치는 일이지. 특히 약자와 동물, 자연과 다음 세대를 대할 때 이러한 태도가 요구돼. 이런 말은 좀 진부하게 들릴지도 모르겠구나. 그래, 물론 진부하겠지. 하지만 삶에서 중요한 것은 가끔 말로는 표현할 수 없을 때도 있는 법이야.

우리는 태어나서 읽고 쓰는 법뿐 아니라, 친절하고 선하게 살아

가는 법, 즉 우리가 이타주의라고 부르는 삶의 방식도 함께 배운단다. 친절하고 선하게 사는 것은 저절로 습득되는 것이 아니기 때문이지.

너희, 청소년들은 여기에 대해 어떻게 생각하니?

나는 모든 사람이 예를 들어, 일주일에 한 번씩 거울 앞에 서서 자신의 눈을 바라보며 지난 시간을 반성하는 시간을 가져야 한다고 생각해.

'나는 친절한 사람인가? 나는 타인의 행복을 바라는가? 나는 지구 생명체의 다양성을 보호하기 위해 도움을 주고 있는가?'

거울은 대답해 줄 거야. 우리가 거울 속의 눈을 피하지 않으면, 거울 속의 눈동자는 우리를 응시하겠지.

나는 모든 사람이 이 거울 시험에 도전하지 않으리라는 것을 잘 알고 있어. 심지어는 나 자신도 가끔 이 시험에 도전할 용기를 낼 수 없는걸. 아예 시험을 해 보기도 전에 유치한 짓이라 치부하는 사람들도 있을 거야. 나는 그런 사람들을 겁쟁이라고 생각해.

고대 북유럽 신화를 이야기하며 앞서 내가 사용했던 몇 가지 단어의 기원을 살펴보면, 선과 악의 갈등에 대해 좀 더 잘 알 수 있을 것 같다는 생각이 드는구나.

먼저 요툰jötunn을 살펴볼까. 요툰이라는 말은 원래 포식자를 의미해. 이 단어는 우리가 잘 알고 있는 '먹다ete'와 '게걸스럽게 삼키다, 포식하다frätse' 또는 '짐승의 시체나 썩은 고기를 먹다åtsel'에서 유래한 것이야. 이와 관련된 영어 단어로는 비만을 의미하는 obese 가 있지. 어쩌면 우리 시대의 혼돈을 야기하는 괴물들은 매우 탐욕스러운 위인들일지도 몰라. 거기에는 물론 나도 포함되어 있겠지. 오늘날 전 세계에 만연하는 거대한 불균형의 본질적인 원인은 가장 가난한 사람과 가장 부유한 사람의 차이, 또는 굶주린 사람과 배부른 사람의 차이가 아닐까 싶어.

바니르vanir는 자연과 인간의 번식과 번영을 관장하는 신들을 의미하는 말로, 언어 역사적 관점에서 보았을 때, '아름다움'을 의미하는 ven, '희망'의 뜻을 담고 있는 venn벗, vente기다림, von신뢰, 믿음과 그 뿌리를 함께해. 게다가 로마 신화의 사랑의 신인 비너스Venus와 도 관계가 있지. 요약하면, 바니르는 '믿음, 희망, 사랑'을 의미한다고 할 수 있어. 우리가 지구의 생태계와 생물학적 다양성을 보존하는 데 성공하기 위해서는 이 클로버의 세 잎 모두 필요하다는 말이 되겠지.

하지만 오늘날 세계를 움직이는 권력자들 중에는 믿음, 희망, 사랑에는 전혀 관심이 없는 사람들이 많아.

신화를 들여다본 김에 내가 매우 중요하다고 생각하는 것 하나만 더 이야기하고 싶구나.

나는 때때로 인류가 지구의 서식지를 위협하는 개체라고 생각하는 사람들을 만나기도 해. 그들은 지구의 최선을 위해서는 인류가 없어져야 한다는 결론을 내리기도 하지.

만물의 어머니, 또는 가이아라고도 하는 지구를 하나의 살아 있는 유기체로 보는 사람들은, 지구가 스스로의 대기는 물론 '체온'도 조절할 수 있다고 믿더구나. 그들은 가이아가 열이 나고 아프면, 그녀를 아프게 만든 미생물이 바로 인간이라고 주장해. 바로 그 때문에 가이아를 위해서는 인간이 없어져야 하고, 그러면 지구의 기후 위기도 사라질 것이라고 말하지.

에이즈, 에볼라, 또는 코비드19 같은 팬데믹 또한 이러한 맥락에서 이해할 수 있어. 인류는 지구의 생태계를 위협해 왔고, 박쥐 같은 야생 동물의 서식지를 점점 좁혀 왔어. 그래서 서로 다른 동물들의 종 사이를 교차하는 바이러스를 출몰시켜 전염병이 돌게 했지. 전염병의 발발을 지구의 여신이 자기방어를 하기 위한 수단, 또는 가이아의 복수라고 말하는 사람들도 있어.

나는 가이아를 위해 인류가 곧 멸망해야 한다고 열정을 다해 주장하는 사람들도 만났어. 그래, 지구에서 인간이 사라지면 자연은 빠른 시일 내에 회복될 수 있겠지.

틀린 말은 아니야. 우리가 사라지면 자연은 되돌아올 것이 분명하지만 이 주장에 동조하기엔 내 속에 남아 있는 인류애가 너무나 크다는 생각이 드는구나. 그 때문에, 그런 생각을 하는 사람들을 '에코파시즘생태계 파시즘'에 물든 사람이라 말하고 싶을 때도 있어.

인간은 해충이 아니야. 세계적 관점은 물론 우주적 잣대를 적용했을 때, 인간은 유일하고 독창적인 창조물이라 할 수 있어. 지구는 인간, 즉 우리의 존재, 우리의 의식, 우리의 우주적 기억력 없이는 근본적 의미를 상실하게 될 거야. 설령 우리의 부재가 바다와 정글을 치유할 수 있다 하더라도 말이지.

우리는 둘 다 해낼 수 있어야 해. 바다와 정글을 치유하면서, 삶을 지속해 나갈 수 있어야 하지.

달 표면을 걸으며 지구를 본다면

몇 년 전, 나는 우연히도 같은 달에 비관적인 정형외과 의사와 순진한 천문학자를 차례로 만난 적이 있어.

먼저 만난 사람은 정형외과 의사였어. 나는 그때 무릎에 이상이 생겨서 엑스레이를 찍었단다. 정형외과 의사는 엑스레이 사진을 보더니, 검진 결과는 안 알려 주고, 아폴로에 관해 어떻게 생각하느냐고 묻더구나.

'아폴로?'

나는 그가 무슨 말을 하려는지 이해할 수 없어 의아해했지. 아폴로라 하면 여행사 이름일 수도 있겠지만, 나는 그리스 신화의 신을 먼저 떠올렸어. 하지만 몇 초 뒤, 나는 정형외과 의사가 왜 그런 질문을 던졌는지 이해할 수 있었어.

"나사의 달 궤도와 관련된 우주 프로그램을 묻는 건가요?"

정형외과 의사는 고개를 끄덕였어. 우리의 대화는 길어졌지. 물론 내 무릎에 관한 이야기가 아니라, 만약 우리가 달에 갔다 왔더라면 어땠을까 하는 이야기였어. 여기서 '우리'는 그와 내가 아닌 전 인류를 의미하는 말이었어.

나는 확신이 있었기에 내 입장을 설명하려 부단히 노력했지만, 그는 나와 정반대의 확신을 갖고 있었기 때문에 우리 토론은 흐지부지 끝을 맺고 말았어. 내 주장의 근거 중 하나는, 만약 미국인들이 실제로 달에 먼저 도달하기 위한 경쟁에서 이겼다는 것을 러시아 우주 당국이 '믿지' 않았다면, 러시아는 우주 프로그램을 발전시키는 데 도전할 생각을 하지 않았을 것이라는 점이었지.

하지만 내가 정말 하고 싶은 이야기는 나의 아픈 무릎에 관한 거였어….

나는 의사들이 과학적 교육을 받은 사람들이라고 믿어 왔어. 게다가 그는 나를 진찰하기 위해 최신식 현대 기술을 사용했지. 하지만 그의 그러한 직업적 배경조차도, 그가 1969년 7월의 역사적인 '달 착륙'이 실제로는 네바다의 한 군사 기지에서 촬영되었다는 것과 같은 값싼 음모론에 현혹되는 것을 막는 데는 역부족인 것 같더구나.

그로부터 불과 몇 주 뒤, 나는 실제로 달에 다녀온 사람을 직접 만날 수 있었어. 그는 바로 아폴로 14호 달 착륙선에 승선했던 우주 비행사 에드거 미첼Edgar Mitchell로, 1971년 2월 5일 인류 역사상 여섯 번째로 달 표면에 발을 디딘 사람이었지.

나는 오슬로대학교의 커다란 강당에서 진행된 그의 흥미로운 강연에 귀를 기울였어. 그날 저녁, 운 좋게도 나는 그와 단둘이 대화를 나눌 수 있는 기회를 얻었지.

미첼은 내게 달 표면을 걸으며 찍은 사진들을 보여 주었어. 나는 그때, 정형외과 의사도 함께했더라면 얼마나 좋았을까 하고 생각했어.

강연이 끝난 뒤에는 우주 비행사에게 공개 질문이 이어졌어. 먼미래에 다른 태양계의 외계인이 지구를 방문할 것이라고 믿느냐는한 청중의 첫 번째 질문을 듣는 순간, 나는 온몸이 마비되는 것 같았어. 부끄럽기도 하고 민망하기도 해서 어쩔 줄 몰랐지. 직접 달에서 찍은 사진을 가지고 오슬로까지 와서 강연하는 미국의 우주 비행사가, UFO나 '외계인'의 방문 운운하는 수수께끼 같은 질문에답을 해야만 하다니. 내 옆자리에는 마침 노르웨이의 전설적인 우주 전문가 에리크 탄베르그^{Erik Tandberg}가 앉아 있었는데, 보아하니그도 나와 마찬가지로 꽤나 민망스러워하는 것 같았어.

하지만 미국인 우주 비행사는 전혀 망설이거나 주저하는 기미도 없이 친절하고도 단호하게 대답을 해 주더구나. 미첼은 머지않은 미래에 지구를 방문하는 외계인이 나타날 것이라고 하면서, 충분하고 명백한 증거도 있지만 세계 각국 정부들이 수단과 방법을가리지 않고 이를 감추어 왔다고 덧붙이기까지 했어. (물론 나사 측은 이러한 그의 주장이 사실이 아니라며 강력히 반발했지.) 문득 노르웨이에는이 신비주의적 음모론에 빠진 우주 비행사를 따르는 작은 UFO 애호가 모임이 있다는 사실이 떠올랐어. 바로 그 때문에, 그의 강연장에서 이러한 질문이 제기되었을 것이라는 생각이 스치더구나.

말년에 이르러 외계인에 관한 미첼의 주장은 점차 시들해졌어. 2014년에는 한 인터뷰를 통해 각국 정부들이 UFO와 관련된 사실을 은폐했다는 자신의 주장은 단지 개인적 추측일 뿐이라고 밝히기도 했지. 하지만 2015년 새로운 인터뷰에서 또다시 외계인들이 지구의 전쟁을 막고 평화를 보존하기 위해 노력해 왔다고 말했어.

미첼은 2016년 2월에 세상을 떠났어.

나는 아직도 그 쾌활하고 순진한 우주 비행사가 UFO와 외계인의 지구 방문에 대해 필요 이상으로 자신감을 가지고 떠벌렸던 것은 아닐까 하는 생각을 지울 수가 없어. 그는 매우 존경받는 달 탐험가였지만, 나는 이 점에서만큼은 그가 틀렸다고 생각해.

생명체가 살 수 있는 행성들 사이의 거리는 엄청나. 심지어 빛의 속도로 움직인다 해도 우주적 목적지를 오가려면 느릿느릿한 거북이 기차를 탄 듯한 느낌일 거야.

어쩌면 우주에서의 특정한 왕래에 대한 미첼의 개념은 그가 달에서 지구로 돌아올 때 겪은 개인적 경험에서 비롯된 것일지도 몰라. 그래도 그는 직접 우주에 다녀온 데다, 그걸 바탕으로 오슬로에서 강연까지 했지.

미첼은 달 표면에서 임무를 완수했고, 지구로 돌아오는 길에는 아무런 방해도 받지 않고 우주의 장엄한 경치를 보며 오롯이 그 여행을 즐길 수 있었어.

어쩌면 그는 달 표면을 걸으며 지구를 보았을 때, 다른 많은 우주 비행사들이 말한 이른바 '조망 효과우주에서 지구를 보고 난 후 가치관의 변화'에 충격을 받았을지도 몰라.

"나는 즉각적인 전 지구적 양심, 인간에 대한 초점, 세계 상태에 관한 강력한 불만, 그리고 이 모든 것에 대해 무언가를 해야겠다는 필요성을 느꼈습니다. 달에서 보니 지구의 국제적 정치 상황이 너무나 하찮아 보였습니다. 문득 지구에 있는 정치인의 뒷목을 잡고 수십만 킬로미터 밖으로 끌어내서 '저걸 좀 보라고, 이 자식아!'라고 말하고 싶은 충동도 느꼈습니다."

그리고 미첼은 지구로 돌아오는 길에, 우주에 홀로 있다는 강렬한 기쁨에 휩싸였을 거야. 그는 자신의 여정을 설명하면서 '유레카적 경험', '계시', '황홀경' 등과 같은 단어를 사용했어. 그는 순간적으로 자신이 세상의 만물과 하나가 되었다는 일체감을 느꼈을 뿐 아니라, 우주가 존재와 의식으로 가득 차 있다는 강렬한 경험을 한 것이지.

미첼은 400여 년 전부터 자취를 찾아볼 수 있는 인간의 지향점에 분명히 의미 있는 그 무언가가 있다고 말했어. 우리 시대의 유물론적 과학은 오랫동안 우리 존재의 영적인 측면을 가려 온 것이 사실이야. 물론 우리도 물질로 구성되어 있는 존재이지. 왜냐하면 모든 것은 별 가루로 이루어져 있으니까. 하지만 그와 동시에 우리는 의식 그 자체라고도 할 수 있어. 그래서 우리는 지금까지 생각해 온 것보다 훨씬 깊고 밀접하게 서로 연결되어 있다고 할 수 있지. 즉 우리는 서로 떨어져 있는 개별적인 존재이지만, 서로 연결되어 있는 존재야. 미첼도 바로 이런 말을 한 거야.

나는 그의 이야기를 들으며, 문득 어렸을 때 숲속에서 밤을 보낸 기억을 떠올렸어. 지금 레오의 나이였던 나는 잠시나마 세상과 단절되었다는 느낌에 사로잡혔고, 더 이상 이 세상과 아무런 관계도 맺지 않았으면 좋겠다고 바랐어. 하지만 바로 그때, 커다란 강당 앞쪽에서 미국 우주 비행사가 한 말과 똑같은 것을 떠오르게 하는 무언가에 압도당했지.

그 충만의 순간에 나는 이 세상 모든 것과 하나가 되었다는 일체감을 느꼈어. 내가 단지 이 세상을 스쳐 지나가는 존재가 아니라, 이 세상 그 자체라는 생각에 사로잡혔던 거야. 이 생각은 미미한 존재인 '내'가 이 세상을 떠날 때까지 나를 떠나지 않을 것 같구나.

뇌가 아홉 개인 연체동물

나는 아주 어렸을 때부터 헹센의 오두막에서 별빛 가득한 밤하늘을 마음대로 보았어. '마음대로'라고 한 까닭은, 요즘은 맑은 밤하늘이 가끔 누릴 수 있는 호사이지만 그때는 흔했기 때문이야.

그때는 양초와 파라핀 램프의 불을 끄면, 우리 시야를 거스르는 그 어떤 불빛의 공해도 찾아볼 수 없었어. 구름 한 점 없는 맑은 밤하늘에서 우주를 바라보는 우리 시야를 가린 건 달빛과 가끔 너울너울 춤추듯 움직이는 오로라뿐이었지.

이제는 그렇지 않아. 요즘은 저 멀리 있는 스키 코스를 비추는 불빛과 산등성이 여기저기서 새어나오는 전기 불빛이 시야를 가려버리지.

하지만 여전히 밤하늘의 별들은 볼 수 있어.

나는 아주 어렸을 때부터, 그리고 천문학에 관한 지식을 가지기 훨씬 전부터 이처럼 밤하늘의 그 무언가에 매료되어 있었어.

'저 먼 우주의 어느 살아 있는 존재도 지금 나처럼 밤하늘을 바

라보고 있는 건 아닐까? 그 또한 수천 개의 별들 가운데 우리의 태양을 바라보고 있는 건 아닐까?'

나는 어렸을 때 이렇게 생각했어.

'어쩌면 지금 저 우주의 작은 소년, 또는 소녀가 나를 보고 있을지도 몰라.'

물론 그때는 이 우주에 '지금'이 존재하지 않는다는 것을 알기 전이었어. 물론 우주에는 '소년'이나 '소녀'가 존재하지 않는다는 것도 알기 전이었지.

어른이 된 뒤, 나는 그 생각을 조금 다르게 표현하기 시작했어.

'의식은 우주적 우연의 일치인가?'

앞에서 지구의 생명체가 우주적 관점에서 유일한 것인지, 아니면 일반적인지 질문을 던져 보았어. 만약 '일반적' 범주 안에 있다면, 원자, 별, 행성과 같은 생명의 필수적 전제 조건을 아우르는 우주의 본질적 특성과도 일치한다고 할 수 있겠지.

하지만 의식은 어떻게 설명할 수 있을까? 의식은 보편적인 확장성을 가지고 있을까? 만약 그렇다면 이것은 미국 우주 비행사가 말한 것처럼 우주의 필수적 속성 중 하나로 간주될 수도 있을 거야.

그게 아니라면 지구의 생물권生物圈은 우리처럼 의식이 있는 존재에게 생명을 불어넣어 주는 유일한 것일까?

단적으로 말하자면, 우리는 그 답을 알 수가 없어. 하지만 질문 자체는 매우 좋다고 생각해. 왜냐하면 의식이 우주의 시공간에서 연속적으로 불타올랐는지, 또는 그러지 않았는지를 묻는 양자택일의 문제라고 할 수 있으니까. 내가 '불타오른다'라는 표현을 쓴 까닭은 비록 필수적 진화 역사가 자리를 잡는 데 수백만 년이 걸린다 할지라도, 이 시간은 우주적 잣대로 보았을 때 불꽃이 피어올랐다가 사그라지는 데 소요되는 미미한 시간에 불과하기 때문이야. 진화 혈통의 역사에서 인류가 침팬지에서 갈라져 나온 건 겨우 600만 년 전이었어.

그렇다면 우리는 의식을 어떻게 정의할 수 있을까?

사실 곤충이나 갑각류도 감각 기관을 가지고 있어. 하지만 나는 그들의 감각 기관을 '의식'이라고 부르지는 않아. 꿀벌이나 바닷가재가 꽃과 꽃 사이를 날아다니거나, 돌멩이로 가득한 바다 밑바닥을 돌아다니며 스스로 살아 있다는 사실은 인식할 수 있다고 생각해. 하지만 그들이 물리적 감각을 의식한다고는 생각지 않아. 그런데도 잔디 속, 나무 위, 또는 바다 밑 등 거의 모든 자연에서 미미하나마 의식적인 움직임을 끊임없이 찾아볼 수 있다는 것은 이상하다고 생각지 않니?

나는 틀림없이 개나 말도 의식을 가지고 있을 거라고 생각해. 박새와 다람쥐도 마찬가지일 거야. 하지만 개구리나 물고기에게도 특별한 내면의 삶이 있다고 상상하기는 쉽지 않구나. (물론 개구리나 물고기도 신경계를 가지고 있어. 그들도 다치게 되면 통증과 고통을 느낄 거야.)

개와 말은 가끔 그들이 무슨 생각을 하는지 그들 머릿속에 들어가 보고 싶은 충동을 느낄 때도 있지. 그들은 두려움과 기쁨을 느낄 수 있어. 어쩌면 슬픔과 그리움도 느낄 수 있을지 몰라. 그렇다면 '개들의 생각'은 '말들의 생각'과 많이 다를까? 혹은 개들 사이의 개체적 차이도 고등 포유류의 서로 다른 종들 간에 존재하는 구조적 차이만큼 클까? 그건 나도 몰라. 적어도 개의 후각이 말의 후각보다 훨씬 좋다는 건 알아. 바로 이 때문에 개들은 일반적인 지능에 더해 고급 방향 감각까지 갖추고 있는 셈이지.

서로 다른 동물이 어느 정도의 '자의식'을 가지고 있는지는 앞으로도 계속 토론하고 연구해 봐야 할 문제라고 생각해. 우리 인간 말고 자의식을 가지고 있는 것으로 보이는 동물들은 그다지 많지 않아. 예를 들어, 거울에 비치는 자신의 모습을 보며 각각의 동물들이 어떻게 반응하는가를 살펴보았을 때, 몇몇 원숭이와 돌고래, 코끼리, 그리고 까마귀 등은 이 특별한 테스트를 통과했어. 즉 이들은 자의식을 가지고 있다는 뜻이지.

또한 까치도 거울 속에 보이는 새에게 얼룩이 묻어 있는 것을 보았을 때, 그 거울 속의 새가 바로 자기 자신이라는 것을 깨닫고 날개를 퍼덕이거나 자신의 몸에서 얼룩을 지워 내려 했어. 반면 다른 새나 동물들은 오히려 거울을 공격하거나 조롱하는 행위를 취했지. 그들은 거울 속의 형상이 자기 자신이라는 사실을 자각하지 못한 거야.

그런데 동물과 인간의 자의식은 엄청난 차이를 보여. 인간이 관리하는 건 자기 자신과 직계 가족 및 자신의 거주 지역뿐이 아니야. 인간에겐 크고 강력한 의식 체계가 있기 때문에 우리가 살고 있는 우주 전체를 인식할 수 있어. 이러한 능력을 가지고 있는 존재는 인간뿐이야. 적어도 지구에서는 그래.

나는 어렸을 때부터 인간들이 어떤 면에서 볼 때 '완전'하다고 할 수 있는 의식을 가지고 있다는 사실이 매우 경이롭다고 생각해 왔어. 즉 우리는 완전한 방식으로 존재한다는 말이지.

우리는 자연의 다른 개체와는 구분되는 독특한 능력을 가지고 있어. 즉 우리는 개의 뇌에 머물러 있지 않아. 그리고 우리는 정신이 혼미한 상태에서 여기저기 마구 돌아다니지 않아. 물론 가끔 자다가 몽유병 증상을 보이기도 하지만 그건 일반적인 상태라고는 할 수 없겠지.

문득 내 생각을 읽는 사람이 나오는 꿈을 꾸며 스스로에게 속아 넘어간 적이 있다는 생각을 하니 부끄러워지는구나. 그때 좀 더 비판적으로 행동하고, 좀 더 주의 깊게 나 자신을 돌아보았어야 했어. 그랬더라면 그 덩치 큰 남자를 만난 것이 꿈이라는 것을 대번에 깨달을 수 있었을 테니 말이야. 하지만 이미 일어난 일은 어떻게 할 수가 없구나. 너무나 쉽게 속아 넘어갔기에 깨어 있는 상태에서 그런 일을 겪었다면 오히려 더 부끄러웠을 거야.

어쩌면 내가 순진한지 모르겠지만, 나는 세상이 우리가 경험하는 방식대로 존재한다고 생각해. 우리는 끊임없는 혼돈 상태에서 여기저기 돌아다니지는 않아. 우리에겐 감각 기관과 이제 막 이해하기 시작한 의식이 있어. 아니, 이제 막 수면 위로 모습을 드러낸 의식이라고 해야 할까? 내가 하고 싶은 말은 우리가 이제 막 이 세상에 대해 적절하게 전체를 볼 수 있는 시각을 가질 수 있게 되었다는 거야. 우리는 전 우주를 조심스럽게 경험하고 받아들일 수 있는 지성을 지니고 있지만, 여전히 우주의 신비함에 현기증을 느끼는 감각도 가지고 있어.

아직도 이해할 수 없는 것들이 많지만, 언젠가는 우리가 이 세상에 관해 지금보다 더 많이 알게 될 날이 올 것이라고 확신해. 그런데도 '우주의 수수께끼'는 여전히 풀리지 않는 숙제로 남아 있을 것 같구나.

나는 우리의 감각이나 이성, 또는 과학적 전통과 공통의 지성이 우리를 속인다고는 생각지 않아. 우리의 뇌는 제 역할을 충분히 해내고 있기 때문이지.

우리는 지구의 동쪽 지평선에서 떠오르는 해를 보며 더 이상 속았다는 생각은 하지 않아. 그 해를 보며 우리는 두 가지 생각을 동시에 할 수 있어. 즉 해가 떠오른다는 사실 자체와, 지구가 태양을 돌고 있다는 사실. 지금은 아무도 태양이 지구를 돌고 있다고 믿지 않잖아.

나는 인간이 전 우주를 포괄하는 의식을 가지고 있을 뿐 아니라, 138억 년 전 빅뱅 이후 현재에 이르기까지 우주의 진화를 되돌아볼 수 있는 능력을 가지고 있다는 사실을 생각하면 경이롭기 그지없어. 하지만 그 거대한 폭발이 있은 뒤 1초도 지나지 않은 시간

안에 일어난 일은 우리의 인지 능력으로는 이해하기가 쉽지 않아.

바로 그 때문에 우리는 빅뱅 이전에 무엇이 있었는지 질문을 던질 수가 없어. 적어도 그 질문에 대한 답을 기대할 수는 없지. 단지 빅뱅과 동시에 시간과 공간의 개념이 시작되었다고 어렴풋이 짐작할 뿐이야. 물론 빅뱅이 만물의 시작이라고 확신할 수도 없어. 빅뱅이 '창조의 순간'이었다고 믿는 사람도 없지는 않아. 하지만 어쩌면 빅뱅은 어느 한 상태에서 다른 하나의 상태로 전환하는 연속의 순간이었는지도 몰라.

이 이야기는 이것으로 충분할 것 같구나. 앞서 다룬 극단적인 질문들만으로도 충분하다고 생각해.

나는 때때로 긴 산책을 하며, 이처럼 거대한 문제들에 관해 곰곰이 생각해 보곤 해. 나는 우주가 자신을 스스로 의식하는 상태에 이르렀다는 생각을 할 때도 있어. 우리 인간을 통해서 말이지. 어쩌면 다른 천체에 있는 또 다른 존재의 의식을 통해 자의식을 성립한 것일 수도 있겠지.

나는 때때로 "우주가 스스로 자각하게 되었다."라고 말하면 코를 찡긋하며 고개를 갸우뚱하는 과학자들을 많이 만났기 때문에, 조심하게 되었단다. 나는 그들이 이른바 과학이라는 틀 안에서 편향적인 사고방식을 발전시켜 왔기에, 내가 말하는 바가 그들 머릿속에서 완전히 다른 의미를 지닌 것으로 바뀔 수도 있다고 생각해. 즉 내 말을 들은 그들은 시간과 공간이 우주적 동면 상태에서 깨어나 서서히 자의식을 지니게 되는 것이 우주의 '의미'나 '목적'이라고 해석할지도 몰라. 하지만 그것은 내가 말하고자 하는 바가 아니야.

우주는 스스로에 대한 자의식을 가진 채 생성되었어. 여기, 우리 안에서. 그것은 사실이야. 나는 이것이 매우 훌륭한 생각이라 믿기에 샴페인을 터뜨려도 된다고 생각해.

또는 언젠가 내 책에서 언급했듯 "우주를 응시하는 눈은 바로 우주 자신의 눈이다." 또는 "빅뱅을 향한 우리의 박수 소리는 빅뱅이 있은 뒤 약 150억 년이나 지나서야 들려왔다."라는 말도 지금 다시 떠올려 볼 만하다고 생각해.

나는 생명체가 생겨나기 전에 우주에 어떤 고유한 '영적 힘'이 있었다고는 생각하지 않아. 더군다나 그것이 꼭 필요한 과정이었는지, 아니면 온갖 확률과 가능성에 반하는 우연한 과정이었는지에 관해서는 입장을 밝힐 위치도 아니라고 생각해.

여기서 궁금해해야 할 것은, 이처럼 유사한 '우주적 의식'이 우주의 다른 곳에서도 평행적으로 발전했는지의 여부야. 나는 이것을 상상하는 것이 그리 어렵지 않다고 믿어. 우리는 이미 이 우주에서는 동일한 '현재적 차원'을 찾아볼 수 없다는 점에 주목했었지. 어쩌면 우주에는 동일한 '인지적 차원'이 존재할지도 몰라. 나는 우주의 시공간에서 우리가 스스로의 문명을 통해 알고 있는 것과 (거의) 동일한 과학적 세계관이 발전을 거듭했을 수도 있다고 생각해. 물론 이건 내 생각에 불과하기에 질문으로 남겨 둘 수밖에 없겠구나. 우주적 의미를 고려했을 때, 만약 빅뱅 이론이 오롯이 인간 고유의 것이라고 한다면 이상하게 여겨질 거야. 여기서 우리가 생각해야 할 것은, 이론이 맞는다면 그에 따른 결론도 틀리지 않다는 점이야. 그렇다면 화학 주기율표에도 같은 원리가 적용되어야겠지. 왜냐하면 원자와 소립자도 보편적인 현상이라고 볼 수 있기 때문이야.

어쩌면 인간은 스스로가 생각하듯 유일한 존재가 아닐지도 몰라. 지구와 인간이 우주의 중심이라고 당연하게 믿었던 것은 그리 오래전 일이 아니야.

이미 간단하게 언급하긴 했지만, 사랑하는 너희를 위해 다시 한번 말하고 싶은 게 있어.

너희가 살아 있는 동안, 우주의 다른 곳에도 지적 생명체가 존재한다는 것을 확인하는 일은 불가능한 일도 아니고, 가망 없는 일도 아니야. 전파 천문학은 발전을 거듭하고 있고, 그에 따라 외계의 지적 생명체에 대한 탐색 작업도 계속되고 있기 때문이지. 그 결과로 너희가 어떤 일을 경험하게 될지 상상하니, 이 할아버지도 들뜨는 마음을 감출 수가 없구나.

물론 외계의 지적 생명체가 반드시 우리 기대를 충족시킬 거라고는 생각지 않아. 너희도 알다시피 외계의 생명체를 경고하는 영화도 많지 않니. 심지어 스티븐 호킹Stephen Hawking도 이렇게 말했어.

"외계의 지적 생명체가 우리의 기대와는 다른 방향으로 발전할 수도 있다는 것을 이해하기 위해서는 우리 자신을 되돌아보는 것만으로 충분합니다."

하지만 우리가 거대하고 장엄한 우주의 자각 속에 한 부분으로 존재하는 유일한 생명체라는 사실에 익숙해져야만 한다면 매우 절망적일 것 같다는 생각이 스치는구나. 만약 그렇다면 우리는 벌거벗은 듯 취약한 존재가 될 수밖에 없을 것 같아. 그것은 인간의 능력인 우리의 보편적 이성이 우주 어딘가의 구석진 곳에 한정된다는 것을 의미하니까. 그건 우리가 홀로 감당하기에는 너무나 벅찬 일이 될 거야. 광대한 우주가 스스로를 의식하는 것만큼 위대하고 독특한 일에 대해 우리가 홀로 책임을 질 수는 없어. 그것은 우리 앞에 있는 작은 바구니에 우주의 모든 황금 알이 담겨 있는 것과도 같아. 이 막중한 책임을 우리가 어떻게 받아들일 수 있을까.

어쨌거나 태양이 거대한 적색 거성이 되어 차가운 주변 행성을 향해 탐욕스럽게 손을 뻗기까지는 아주 많지는 않은 시간이 남아 있을 뿐이야.

우주적 규모로 본다면, 분명 생명체의 수는 의식의 수보다 많을 거야. 생명체는 의식이 존재하기 위한 필수 불가결한 전제 조건이라고도 할 수 있지. 하지만 꼭 그렇다는 보장은 없어. 이 지구에 단세포 유기체 말고 다른 생명체가 존재하기까지 꽤 오랜 시간이 걸렸다는 사실을 떠올려 보면 이해할 수 있을 거야.

약 5억 년 전, 지구의 생명체는 독창적인 감각 기관과 발달된 신경 체계를 가진 유기체의 진화가 시작되었고, 그와 더불어 의식의 형태도 모습을 갖추게 되었어. 그것은 생존을 위한 투쟁이었고, 오늘날의 '군비 경쟁'에 비유할 수 있지. 더 정확하게 말하자면, 그것은 다윈의 진화론과 발을 맞춘 생물학적 경쟁이라고 할 수 있어. 즉 다세포 동물의 군집이 형성되면 필연적으로 그 후손 사이에 변이가 생기고, 이것은 새로운 형질, 예를 들어 더욱 진보된 감각 기관을 가진 개체를 생성시키는 원동력으로 작용해. 여기서 자연의 적자생존 원칙이 적용되는 셈이지.

생존을 위한 투쟁에서 적응력과 번식력이 뛰어난 변종만이 살아남을 수 있다고 말하는 다윈의 진화론은 너무나 자명하기 때문에 보편 타당성을 가진다고 볼 수 있어.

우리는 여전히 우주에 생명체가 존재하는지 알지 못해. 현재로서는 우주에 생명체가 존재한다는 그 어떠한 근거나 증거도 없기에, 이 문제에 대한 답은 확률과 가능성에 의존할 수밖에 없지.

우주의 수는 너무나 많아. 하지만 다양한 형태의 생명체가 실제로 널리 퍼져 있는 보편적 현상이라고 가정했을 때, 우리가 그 생명체 가운데 어느 정도의 의식을 갖춘 존재를 찾을 수 있는 가능성은 얼마나 될까?

또는 조금 다른 말로 표현했을 때, 다음 중 가능성이 큰 것은 무엇일까?

1) 생명이라곤 찾아볼 수 없는 무無의 자연에서 살아 있는 유기체가 출현할 가능성.

2) 어느 시점에 이르렀을 때 살아 있는 유기체 가운데 의식을 갖춘 생명체가 생겨날 가능성.

여기서 2)의 논지 또한 1)의 논지, 즉 우주에 생명체가 존재할 가능성을 알아보려는 시도와 마찬가지로 극히 사변적이라 할 수 있어. 왜냐하면 우리에겐 이러한 논지에 대한 경험적 증거가 없기 때문이지.

이들 논지의 해법을 얻기 위해 지구의 예를 들어 볼까? 지구에서 의식이라는 것은 이미 공통적이거나 또는 '보편적인' 현상으로 거듭 증명된 바 있어. 즉 지구에서는 매우 다양한 신경 체계를 가진 생명체가 다소 독립적으로 출현하고 발전해 왔지.

어떤 까마귀들은 인간의 계획성과 문제 해결 능력에 비견할 수 있을 정도의 기억력과 의식을 가지고 있어. 까마귀들의 이런 능력은 수억 년에 걸쳐 순전히 독립적, 평행적으로 발생된 것이라 볼 수 있지. 조류와 포유류의 공통적 연결 지점을 찾기 위해서는 진화의 역사를 한참이나 거슬러 올라가야 해. 그 지점은 최초의 파충류가 출현했을 때로 볼 수 있는데, 그때 존재한 파충류들 중에는 의식이나 감각을 찾아볼 수 있는 존재가 거의 없었어. 따라서 포유류의 뇌는 조류의 뇌와 완전히 다른 방식으로 구성되어 있다는 것을 유추할 수 있지.

연체동물과 포유류 사이의 진화적 생물학적 거리, 또는 시간적 거리는 이보다 훨씬 커. 그런데도 신경 생물학을 연구하는 과학자들은 인간의 신경 세포와 의식을 더 잘 이해하기 위해 오징어나 문어 같은 두족류의 신경 세포를 비교하곤 하지. 물론 두족류의 신경 체계는 포유류나 다른 척추동물의 신경 체계와는 전혀 다른 방식으로 구성되어 있어. 완전히 다른 방식으로 발생했거나 형성되었기 때문이지.

흔히들 외계인을 가장 많이 닮은 동물이 문어라고 해. 그도 그럴 것이, 문어는 세 개의 심장과 여덟 개의 팔, 그리고 아홉 개의 뇌를 가지고 있거든. 이 신비로운 연체동물은 여덟 개의 팔에 각각 뇌가 있고, 머리에는 핵심적인 중앙 뇌가 있어. 이 아홉 개의 뇌는 신경 네트워크를 이루듯 긴밀하게 연결되어 있고, 서로 정보를 교환할 수도 있어.

이처럼 다양한 색상과 형태를 지닌 생명체가 무수히 존재하는 행성이 있다면 그 예를 들어 볼 수 있겠니? 만약 그런 행성이 있다면, 거기에서는 분명 다양한 형태의 의식도 찾아볼 수 있을 거야.

오늘날의 자연 과학은 이처럼 수많은 세부적인 의문 말고도 두 가지 커다란 수수께끼에 직면해 있어. 그것은 바로, 빅뱅 직후 일어난 일과 의식의 본질에 관한 거야. 인류 역사상 가장 큰 수수께끼라고 할 수 있는 이 두 가지 문제가 서로 긴밀하게 연결되어 있다고 말할 수 있는 근거는 없어. 하지만 서로 아무런 관계가 없다고 단정할 수 없는 것도 사실이란다.

《소피의 세계》 주인공이 여자인 이유

　내가 삶에서 배운 것이 있다면, 인간은 인간이며 인간일 수밖에 없다는 사실이야. 문화적 다양성이라는 얇은 막을 걷어 내고 보면, 인간이 생각하는 바는 서로 그리 다르지 않다는 것을 알게 되지. 우리는 비슷한 것을 필요로 하고 이를 요구하며, 자주 비슷한 철학적 문제에 몰두하곤 해. 이것은 크게 두 가지로 분류할 수 있어.

　그 하나는 답을 찾을 수 있는 질문으로 이루어져 있지만, 그렇다고 해서 그 답이 우리가 손을 뻗치면 닿을 수 있는 곳에 있는 간단한 것이라곤 할 수 없어. 우리는 이미 이 부류의 질문을 던져 보았지.

　'빅뱅은 무엇인가? 우주의 본질은 무엇인가? 의식이 있는 존재의 출현은 순전한 우연인가? 우주의 서로 다른 여러 곳에서 일종의 우주적 의식이 발생하고 진화했을 가능성도 있을까? 그러한 보편적 의식은 모든 곳에서 동일한 형태로 존재하는 것일까? 그렇지 않다면, 우주에는 우리보다 세상의 신비를 훨씬 많이 꿰뚫어 볼 수 있는 생명체가 존재하는 것일까?'

하지만 답을 알 수 없는 이런 질문을 반복해서 던지는 것이 무슨 소용이 있겠니? 과거 사람들은 달의 뒷면을 논하는 것이 무의미하다는 말을 한 적도 있어.

달은 공전 주기와 자전 주기가 일치하는 동주기 회전을 하기 때문에 항상 지구를 향해 같은 면을 보여. 따라서 지구 사람들은 달의 뒷면을 볼 수가 없지. 하지만 1968년 12월, 세 명의 우주 비행사를 태운 아폴로 8호가 달의 궤도를 도는 데 성공한 이후, 달의 뒷면은 더 이상 비밀로 여겨지지 않았어. (더 정확하게 말하면, 소련 탐사선 루나 3호가 이미 1959년에 달 뒷면의 사진을 찍은 적이 있어.)

달 뒷면에 대한 질문은 그다지 특별하다고는 할 수 없어. 이 질문은 오늘날 우리가 답을 찾아낸 다음과 같은 질문들과 맥을 같이 하니까.

'남극은 어떻게 생겼을까? 왜 히말라야산은 그처럼 높을까? 미국의 동쪽 해안은 왜 유럽과 아프리카의 서쪽 해안과 마치 퍼즐 조각처럼 딱 맞아떨어질까? 화산 폭발은 왜 일어나는 것일까? 왜 태양은 그처럼 뜨거울까? 별들은 어떻게 생겨났을까? 별이 수명을 다하면 무슨 일이 생길까? 혜성은 무엇일까? 태양계 외부에도 행성이 존재할까? 지구의 나이는 과연 몇 살일까? 원자는 어떻게 생겨났으며, 무엇으로 구성되어 있을까? 생명은 무엇일까? 모든 식물과 동물은 어떻게 생겨났을까? 유전은 어떻게 정의할 수 있을까? 인류의 기원은 무엇일까? 왜 우리는 병에 걸릴까? 전염병은 왜 발생하는 것일까?'

과거 사람들은 이런 것들을 크나큰 수수께끼로 생각했지만, 오늘날의 우리는 앞에 언급된 모든 질문에 대해 다소 정확하다고 할 수 있는 답을 알고 있어. 나는 지금의 우리가 100년 전 사람들보다 이 세상에 대해 더 많이 알고 있다는 사실이 매우 놀라워.

그건 우리가 '달의 뒷면'을 단지 상상 속 세상으로 치부하지 않고 그 답을 찾기 위해 끊임없이 노력했기 때문이겠지. 오늘날 사람들은 그와 다른 형태의 질문에 관심을 보이고 있어. 그리고 금세기 말쯤 되면, 우리 인간의 지식은 더 큰 인식과 통찰력으로 채워지게 될 거야.

두 가지 부류의 질문 중에서 또 다른 하나는 궁극적인 답을 알 수 없는 삶의 철학과 관계된 질문들이야. 이 질문들의 답은 앞으로도 얻을 수 없을 거야. 그런데도 우리는 이 질문들에 관해 진지하게 생각해 봐야 한다고 생각해.

'올바른 삶이란 무엇인가? 정의로운 사회는 무엇인가? 사랑은 무엇인가? 우정은 무엇인가? 두 사람을 동시에 사랑할 수 있을까? 주변인들을 위해 나는 어떤 책임을 져야 하는가? 모든 인간은 똑같이 중요한가? 우리는 왜 어떤 것은 아름답고 어떤 것은 추하다고 생각하는가? 그렇다면 어떤 것이 추하다고 생각하는 이유는 무엇인가? 용서는 무엇인가? 언제 어떤 상황에서 용서하는 것이 적절하다 할 수 있는가?'

이러한 질문들은 영원하고 보편적인 답을 얻을 수는 없지만, 한 번쯤은 곰곰이 생각해 볼 만한 가치가 있는 것들이야. 우리는 올바른 삶이 무엇인지 서로 물어보고 의견을 교환하지 않고서는 결코 올바른 삶을 살 수 없어. 마찬가지로 정의로운 사회가 무엇인지 정의하지 않고서는 결코 정의로운 사회를 이룰 수 없지. 또한 사랑이 무엇인지 곰곰이 생각해 보기 전에는 인터넷 데이트에서 얻어 낼 수 있는 것도 없을 거야.

세상에는 행운이라는 것도 있고 처세술이라는 것도 있지만, 우리는 어느 정도 자신의 삶에 책임을 져야 해.

내가 학교를 다니던 시절, 즉 초등학교부터 현재 고등학교라 불리는 김나지움에 다닐 때는 교과목 가운데 '윤리'라는 것이 있었어. 그 시간에는 거의 긴 토론이 이어졌지. 내가 기억하는 한, 토론의 주제는 대부분 우리가 하지 말아야 하는 모든 일에 관한 것이었어. 예를 들어, 타인에게 해를 끼치거나 기분을 상하게 하면 안 된다는 것이 주를 이루었지.

걱정과 근심에 빠져 있는 사람을 위해 선의의 거짓말을 하는 것은 옳은 일일까? 아니면, 우리는 어떤 상황에 있든 항상 진실만을 말해야 하는 것일까? 우리는 헨리크 입센의 〈들오리〉를 읽고, 그레거스 베를레가 얄마르 에크달에게 가슴 아픈 진실을 말하는 것이 과연 옳은 일인가를 두고 토론했어.

수업 중의 토론은 솔직히 우리 삶과는 직접적인 관련이 없는 것도 많았어. 만약 내가 집단 수용소에 있고 곧 100명의 사람들이 총

살당할 상황이라 가정했을 때, 총을 들어야 하는 사람이 바로 나라면 50명만 죽일 수 있지 않을까? 이 경우, 상부의 지시에 따라 100명을 죽이는 것과, 내 의지에 따라 50명만 죽이는 것 가운데 어느 쪽이 더 도덕적이라 할 수 있을까?

당시엔 어떤 선생님도 우리에게 이런 질문을 하지 않았어.

'나는 이 세상에서의 단 한 번의 삶을 무엇을 위해 사용하고 싶은가? 삶에서 성취하고자 하는 특별한 목표가 있는가? 또는 특별히 해결하고 싶은 문제가 있는가? 나는 어떤 일을 했을 때 가장 멋있고 훌륭하게 보인다고 생각하는가? 조를 짜서 올바른 삶이란 무엇인가 토론해 보고, 원하는 삶을 살기 위해 시간을 좀 더 투자해서 꼭 해야겠다고 생각하는 세 가지 일을 적어 보렴.'

우리는 자신의 행복에 책임지기 위해 무엇을 해야 하는지는 배우지 못했어. 나는 노동 운동의 이상을 지향하는 전형적인 프로테스탄트 국가에서 자랐어. 문화적 특징은 겸손과 겸허, 결속을 중요한 덕목으로 간주한다는 것이었고, 이른바 '얀테 법칙^{북유럽 국가에 흔히} ^{알려진 일종의 행동 지침}'이라는 것도 빼놓을 수 없었지. '얀테 법칙'의 예를 들면, 스스로 훌륭하다고 생각지 말라… 다른 사람보다 잘났다고 생각지 말라… 무엇이든 잘한다고 생각지 말라….

이런 문화에서는 자기 자신을 위해 목표를 높이 세우는 것은 너무나 부적절하다고 생각하기 마련이지. 그건 옳고 그름의 문제라고는 할 수 없었어. 요지는 자기 자신을 위해 최선을 바라는 것과 타인을 위해 최선을 바라는 것 사이에는 모순이 존재할 필요가 없다는 것이었지. 하지만 나는 그 반대라고 말하고 싶구나. 스스로 만족한 삶을 사는 사람들은, 인생을 망치고 근심 걱정으로 가득한 삶을 사는 사람들보다 타인을 위해 선하고 의미 있는 일을 더 쉽게 할 수 있는 법이야.

노르웨이의 문화를 살펴보면 고대 그리스의 철학자들뿐 아니라 수많은 사람이, 무엇이 우리를 행복하게 하는지 또는 올바른 삶은 무엇인지 질문해 왔다는 것을 알 수 있어. 나는 이 질문을 모든 인류가 스스로에게 던져 봐야 한다고 생각해.

물론 우리는 마음만 먹으면 얼마든지 서로에게 해를 끼칠 수 있어. 가까이 살거나 심지어는 서로를 배려하는 마음에서 하는 행위로도 상대방을 짜증 나게 할 수 있지. 하지만 나는 대부분의 경우, 우리가 스스로를 해칠 위험이 더 크다고 봐.

사랑하는 손주들아, 나는 사실 너희가 타인에게 해를 끼치는 사람이 될까 봐 걱정하진 않아. 그럴 일은 없을 거야. 그보다 너희가 스스로 해를 끼치게 될까 봐 걱정스러워.

카르데몸메 법칙노르웨이 동화 〈카르데몸메 마을〉에 나오는 법칙에서 이런 말을 찾아볼 수 있어.

"우리는 다른 사람을 괴롭히지 않고, 예의 바르고 친절하게 대해야 합니다. 그 밖의 일은 무엇이든 해도 됩니다."

물론 이것은 매우 좋은 말임에 틀림없어. 하지만 나는 이 법칙에서 바꾸고 싶은 말이 있어. 그것은 바로 마지막 문장에 있지.

"그 밖의 일은 무엇이든 할 수 있습니다."

이 역시 도덕적 의무의 관점에서 볼 수 있어. 해도 된다는 말은 하고 싶은 일에 대해 허락을 받는다는 개념으로 해석할 수 있지만, 할 수 있다라는 말은 자유 의지에 따른 개념으로 해석할 수 있기 때문이야. (물론 다른 사람을 불편하게 하거나 해치지 않는 범위 내에서…)

*

몇 년 전, 나는 '철학을 사랑하는 청년들의 모임'이라는 행사에서 강연을 한 적이 있어. 청중들 수는 꽤 많았어. 무대 위의 짧은 인터뷰로 시작된 행사는 청년들의 공개 질문으로 마무리가 되었지.

행사가 시작되기 몇 분 전, 나는 사회자와 함께 무대 뒤 대기실에서 잠깐 이런저런 이야기를 나누며 시간을 보냈어. 문득 사회자가 심각한 표정을 짓더니 무언가를 결심한 듯 나에게 이런 말을 하더구나.

"결혼한 사람이 어느 날 갑자기 다른 이성을 만나 '바로 이 사람'이라는 생각이 든다면 어떻게 해야 하나요? 당신 같으면 오랜 세월을 함께 믿고 의지하며 살아온 배우자를 선택할 것 같은가요, 아니면 당신의 가슴이 말하는 대로 인생에 한 번밖에 만날 수 없는 그 사람을 따를 것 같은가요?"

나는 그녀가 행사 중에 나올지도 모르는 질문의 예를 들어, 워밍업을 한다고 생각했어. 왜냐하면 그날의 행사는 바로 그러한 주제를 놓고 진행되는 것이었기 때문에, 그녀가 던진 질문은 사회자인 그녀뿐 아니라 청중들 사이에서도 충분히 나올 수 있는 것이었 거든. 하지만 나는 질문을 던지는 그녀의 입가가 살짝 떨리는 것을 보고 그것이 그녀의 개인적인 질문이라고 짐작했어. 이른바 인생의 소울메이트를 만난 사람은 바로 그녀였고, 죄책감을 느낀 그녀는 무대 뒤의 사적인 시간을 이용해 내게 조언을 구한 셈이었지.

그녀의 질문은 확실한 답이 없는 질문이었어. 게다가 나는 그날 처음으로 그녀를 보았고, 그녀의 남편뿐 아니라 그녀의 가슴에 불을 지핀 새로운 남자도 알지 못하는 상태였지. 나는 그녀가 내게 부여한 일종의 권위에 불편함을 느꼈지만, 우리는 어차피 곧 함께 무대에 서야 할 입장이었기에 어떻게든 대답해야 한다고 생각했어.

나는 그때 이렇게 말한 것 같아. 만약 그녀가 이번에 '마음 가는 대로 따른다'는 결론을 내린다면, 다음에 만나게 될 또 다른 갈림길에서는 똑같은 결정을 내리지 못할 수도 있다고. 곧 행사 진행자가 우리를 재촉했고, 우리는 거의 뛰다시피 무대로 나가야만 했지.

사회자는 준비된 말로 행사를 시작했고, 우리가 되짚어 보아야 할 몇몇 문제들을 언급했어. 대담이 끝난 뒤, 청중들의 공개 질문 시간이 되었어. 청중석에는 몇 명의 보조 진행자가 여기저기 대기해 있다가, 질문하려고 손 드는 청중에게 마이크를 가져다주었어.

곧 청중들의 질문 공세가 시작되었지. 그들의 질문은 앞서 내가 언급한 두 가지 부류의 질문들이 대부분이었고, 그중에는 무대 뒤에서 사회자가 내게 한 질문과 비슷한 것들도 있었어. 나는 모든 질문에 신중하게 답하기 위해 곰곰이 생각해야만 했지.

한 청중이 내게 인생의 딱 한 번뿐인 사랑을 믿느냐고 물었어.

놀랍게도 그 질문을 던진 사람은 한둘이 아니었어. 하지만 곰곰이 생각하면 그리 놀랄 일은 아닌 것 같구나. 왜냐하면 그것은 삶과 죽음의 문제처럼 많은 사람에게 해당하는 중요한 문제이기도 하니까.

나는 단호하고도 간단하게 대답했어. 인생에서 딱 한 번뿐인 사랑은 로또에 당첨되거나 동화 속 이야기처럼 어느 날 갑자기 하늘에서 떨어지는 것이 아니라고 말이야.

사랑은 다른 모든 인간관계에서와 마찬가지로, 스스로 자양분을 공급하고 키워 내는 과정에서 발견할 수 있어. 우리는 자신의 사랑에 어느 정도 책임을 져야 한다는 말이지. (그날 무대 위에선 말하지 않았지만, 난 이것이 말로 하기엔 쉽지만 실제로는 어려울 수도 있다는 것을 잘 알고 있단다.)

*

작가들은 자신이 쓴 책에 관해 가끔 기발한 질문을 받을 때가 있단다. 그 질문들 중에는 작가 자신이 미처 생각지 못했던 것들도 있지.

반면 어떤 질문들은 너무나 자주 반복되어서 미소를 지을 수밖에 없을 때도 있어. 내가 자주 받았던 질문은 바로 이거야.

"《소피의 세계》 주인공을 굳이 여자로 설정한 이유는 무엇인가요?"

나는 그 질문을 들을 때마다 미소를 머금곤 했어. 물론 싫증이 나지도 않았어. 왜냐하면 그 질문을 던지는 사람들에게선 매우 창의적인 질문을 생각해 냈다는 듯한 뿌듯함을 볼 수 있었거든. 그들은 내가 똑같은 질문을 이미 수백 번이나 받았다는 사실을 알지 못했어.

나는 가끔 그 질문에 대한 대답을 질문으로 되돌려 줄 때도 있었어.

"왜 그렇게 하면 안 된다고 생각하나요?"

또는 이렇게 되묻기도 했어.

"주인공을 여자로 설정하면 안 되는 이유라도 있나요?"

때때로 나는 이렇게 대답하기도 했지.

"《소피의 세계》가 출간되기 전 해에 썼던 《수상한 빵집과 52장의 카드》 주인공이 아버지와 아들이었기 때문에, 다음 해에는 주인공을 소녀로 설정했어요."

하지만 마지막 대답은 그다지 신빙성이 없어. 왜냐하면 나는 철학 소설의 주인공은 여자가 되어야만 한다고 생각하거든. 소피라는 단어는 '지혜'라는 뜻을 지닌 그리스어 소피아Sophia에서 유래되었어. 지혜는 그리스 전통에 따라 여성성을 가지고 있어. 따라서 philosophy철학는 philo~을 사랑하는 사람와 sophi철학, 지혜라는 단어를 결합한 것으로, 플라톤의 시대에는 이 단어를 '지혜를 향한 사랑'이라는 의미로 사용했어.

종교 역사, 특히 고대와 그 후 정교회의 역사를 살펴보면, 신의 핵심적인 개념을 '신성한 지혜' 또는 하기아 소피아hagia sophia, 아야 소피아로 발음하기도 함로 정의했어. 이것은 콘스탄티노플의 공의회 이름이기도 해.

그리스의 지혜의 여신 아테나와 로마의 미네르바 역시 지혜와 관련된 개념으로 여성 의인화된 것이야.

그런데 지혜가 여성적 개념으로 간주된 이유는 무엇일까? 이건 우리가 한 번쯤 생각해 볼 만한 문제 같구나. 나는 이 문제에 관해 사람들과 함께 머리를 맞대고 고심해 본 적이 있어.

내 경험에 의하면 대부분의 여성은, 기본적으로 철학의 중심이라 할 수 있는 이해해 보려는 노력을 하는 사람들이었어. 반면 대부분의 남성들은 이해받기 위한 노력을 더 중요하게 생각하는 경향이 있었지. 이처럼 '이해받기 위한 노력'은 철학적 활동과는 오히려 반대라고 할 수 있어.

그렇다면 이쯤에서 자연히 뒤따를 수밖에 없는 질문을 하나 생각해 볼 수 있겠구나.

"그런데 왜 철학의 거장들은 대부분 남성들일까?"

역사를 살펴보면 여성 철학자들도 꽤 많았어. 그들은 단지 수백 년 동안 이어진 남성 중심적 사회에서 주목받지 못했을 뿐이야. 여성이 대학에 입학할 수 있는 자격을 얻은 것도 그리 오래되지 않아. 노르웨이에서는 1884년이 되어서야 여성들이 오슬로대학교에서 공부할 수 있는 자격을 얻을 수 있었단다.

물론 남성 철학자들 중에서도 이해하기보다는 이해받기 위해 노력한 사람들이 없지 않아. 그들은 '필로-소피'라는 자신의 임무를 배반한 사람들이라고 볼 수 있지.

플라톤이 진정한 철학자라고 우러러보았던 소크라테스는 자신이 알고 있는 유일한 것은 자신이 아무것도 모른다는 사실이라고 했어. 그는 현자 디오티마에게서 에로스에 대한 가르침을 받았다고 했지. 소크라테스의 반대편에 있던 사람들은 이른바 궤변가라고 불리는 '소피스트'들이었어. 그들은 여기저기 다니며 아는 척하면서, 돈을 받고 강의를 해 주곤 했지.

이쯤에서 헨리크 입센의 《인형의 집Et dukkehjem》 마지막 장면을 떠올려 볼 필요가 있을 것 같구나. 이 장면은 앞서 언급한 이야기와 딱 맞아떨어져. 노라는 남편 토르발을 이해하고, 또 그와의 결혼 생활도 이해하기 위해 절박한 심정으로 노력했어. 이에 그치지 않고, 그녀는 자신은 물론 종교와 인간의 본질에 대해 이해하려고 노력했지. 반면 남편 토르발은 노라와의 결혼 생활에서 무엇이 잘못되었는지 이해하기 위해 아무런 노력도 하지 않았어. 대신 그는 노라에게 자신을 이해시키기 위한 시도를 거듭했지.

나는 때때로 이러한 주제를 놓고 토론할 때, 눈을 지그시 내리까는 남자들을 본 적이 있어. 하지만 그들이 양심의 가책을 느껴 그런 건지, 이유 없이 공격을 당했다고 느껴 그런 건지는 알 수 없었어. 반면 이런 이야기를 하면 눈을 반짝이며 환한 미소를 머금는 여자들은 자주 볼 수 있었지.

이런 이야기를 하는 것은 남자나 여자의 본성을 설명하기 위해서가 아니야. 실제로 나는 자신의 주장을 관철하는 데에만 관심이 있는 독단적이고 박식한 여성들도 많이 만났거든. 물론 진정으로 진리를 추구하는 사람들, 즉 진정한 '철학자'라 할 수 있는 남성들도 많이 만났지.

인간의 본질은 이처럼 남성과 여성의 이상화된 차이보다 더 깊은 것이라 할 수 있어.

*

인간의 가장 기본적인 특성 가운데 하나는 허영심이라고 생각해. 타인에게 사랑받고 싶고, 잘 보이고 싶고, 기억되고 싶은 욕망은 인간의 자연스러운 본질이라 할 수 있지. 따라서 우리 모두에겐 그러한 본질이 내재되어 있다 해도 과언이 아니야.

하지만 인간의 오만함은 전혀 다른 문제야. 모든 사람이 오만하지는 않아. 나는 때때로 매우 오만한 사람들을 만나기도 했지만, 그들은 내게 웃음만 주었을 뿐이야. 그들은 항상 자기 자신, 또는 자기 자신과 관련된 그 무언가를 내보이려 했어. 모임에서 자기 자신의 기준에 의해 항상 중심 위치를 차지하고, 사람들 주목을 받기 위해 일종의 쇼를 하기도 했지. 그들은 자기 자신에 관한 이야기를 늘어놓는 데 매우 능한 사람들이라고 할 수 있어.

언젠가 런던에서 매우 유명한 작가를 만난 적이 있어. 그는 앞서 말한 오만함의 대표적인 예라고 할 수 있지. 우리는 각자 소속된 출판사 직원들을 대동하고 자리를 함께했어. 출판사 사람들은 서로 전부터 잘 아는 사이처럼 보이더라. 모두 여덟 명이었던 우리는 커다란 원탁 주위에 둘러앉았어.

물론 그곳에서의 중심은 그 유명한 작가였어. 아마도 그는 자신이 중심이 될 수 없는 상황이었다면, 절대 함께하지 않았을 거야. 그가 대동한 출판사 직원들도 마찬가지였어. 적어도 내 눈에는 그렇게 보였지.

그는 미소를 짓거나 큰소리로 웃음을 터뜨리곤 했지만, 대화에는 거의 끼어들지 않았어. 단지 농담을 주고받거나 가벼운 대화로 일관하던 그가 마침내 미끼를 던졌어.

셰익스피어 작품의 등장인물들 가운데 가장 좋아하는 사람이 누구인지 차례차례 말해 보자는 거야. 그는 마치 자신이 상석에 앉은 듯 자신의 왼쪽에 있는 여인에게 가장 먼저 물었어. 탁자는 빙글빙글 돌아가는 원형이었는데 말이야.

사람들은 저마다 자신이 가장 좋아하는 셰익스피어의 인물들을 하나씩 말하며, 그 이유도 함께 덧붙였어. 그 게임의 규칙은 한번 언급된 이름은 반복할 수 없다는 것이었지만, 런던의 문화계를 주름잡던 그들에겐 아무런 문제도 되지 않았지. 나는《템페스트》에 등장하는 프로스페로를 말했어. 이미《햄릿》과《맥베스》에 등장하는 인물들은 모두 한 차례씩 언급되었기에, 셰익스피어의 말기 작품 중 하나인《템페스트》에서 찾아낼 수밖에 없었지.

그곳에 앉아 있던 사람들이 모두 한마디씩 한 뒤, 마지막으로 그가 말할 차례가 되었어. 그는 여전히 소리 내어 웃으면서 테이블에 둘러 앉아 있는 사람들을 하나씩 차례로 돌아보더구나.

셰익스피어의 인물들 가운데 그가 가장 좋아하는 사람은 과연 누구였을까?

그는 약간의 조롱기가 담긴 웃음을 터뜨리더니 이렇게 말했어.

"이것들 보세요!"

그의 태도는 매우 오만했어.

"나는 시인이에요! 나도 내로라하는 시인인데 셰익스피어의 인물들 중에서 가장 좋아하는 사람이 있을 리 있겠습니까?"

물론 그는 자기가 셰익스피어만큼 훌륭한 시인이라고 직접적으로 말하진 않았지만, 나는 그의 말 행간에 그런 의미가 숨어 있다고 생각했어. 그래, 우리는 그에게 허를 찔린 셈이었지.

하지만 나는 그처럼 오만한 이들을 만나는 것이 꽤 재미있다고 생각하는 사람이란다. 그때도 예외는 아니었어.

우리는 우주의 시간으로 친다면 순간에 불과한 시간에 살고 있는데도, 우리 중에는 다른 사람들 앞에서 자신을 부풀리고 잘난 체하는 사람들이 적지 않아. 마치 자신들에겐 죽음이 찾아오지 않을 것처럼, 마치 이 세상에는 별들도 존재하지 않고, 가난도 찾아볼 수 없는 것처럼.

나는 그런 사람들을 보면 웃지 않을 수 없어. 물론 그들에겐 감동할 만큼의 평온하고 순진한 그 무언가도 있긴 하지.

삶의 가치 중 가장 중요한 것은 무엇일까? 나는 이 문제에 관해서도 전 세계적인 공감대를 경험한 적이 있어. 그리 이상한 일은 아니야. 왜냐하면 인간은 어차피 인간일 수밖에 없으니까.

삶의 기본적 가치로 건강을 꼽는다면 대부분의 사람이 고개를 끄덕일 거야. 그도 그럴 것이 건강은 다른 모든 가치의 전제 조건이 된다고 할 수 있잖아. 음식, 가족과 친구를 꼽을 때도 고개를 끄덕이는 사람들이 많을 거야. 또한 애인이나 사랑을 삶의 중요한 가치로 꼽는 사람도 많아. 사람들은 그들을 향해 조용히 미소 지으며 고개를 끄덕이지.

하지만 자연에서의 경험이나 손이 닿지 않는 자연을 삶의 핵심적인 가치라고 말하면 그 공감대가 순식간에 무너져 버리는 일도 있어. 내가 그런 말을 하면, 사람들은 "오… 정말 그렇게 생각하시나요? 흥미롭군요…"라며 말끝을 흐리더라. 그중에는 내가 노르웨이인이기 때문에 그런 말을 한다고 생각하는 사람들도 분명 있었을 거야. 바로 그 때문에, 나는 깊은 숲, 공기 좋은 산, 또는 험한 산 속에서의 하이킹 또는 정상 정복에 관한 이야기들을 거의 하지 않는단다.

나는 밤하늘의 별을 단 한 번도 본 적이 없다고 말하는 사람들, 새와 다람쥐, 동물원의 사슴 말고는 단 한 번도 야생 동물을 본 적이 없다고 말하는 사람들도 만난 적이 있어. 그들은 밤하늘의 별이

나 야생 동물을 본 적이 없다고 해서 그다지 슬퍼하는 것 같지도 않았어. (나는 바로 이 점이 두렵고 불길해. 우리 인간은 과연 자연 없이 살아가는 데 익숙해질 수 있을까?)

노르웨이 또는 북유럽의 또 다른 특징이라고 한다면 남녀평등, 또는 적어도 이상적인 남녀평등을 사회의 주된 가치로 여긴다는 것이지.

1970년대만 하더라도 청년으로 살아간다는 것이 그리 쉽지 않았어. 불과 몇 년 사이에 급진적인 변화가 생겼기 때문이지. 하지만 오늘날 대부분의 남자들은 당시 여성 해방 운동과 성 평등을 위한 투쟁이 있었기에 지금 더 풍요로운 삶을 살고 있다고 말해.

그렇다면 오늘날 삶에서 가장 가치 있는 것은 무엇일까? 끝없는 업무 회의, 또는 자녀와 함께 시간을 보내는 것일까?

1980년대의 어느 날, 나는 아이를 데려오기 위해 유치원에 갔다가 계단 위에서 다른 아이 아버지와 마주친 적이 있어. 그는 스트레스 때문에 어쩔 줄 몰라 했어.

갑자기 그가 이렇게 소리쳤어.

"세상에, 아이 낳아 키우는 일에 이렇게 많은 시간을 투자해야 할 줄은 꿈에도 몰랐어요!"

나는 그의 말을 곰곰이 생각해 보기도 전에 얼떨결에 이렇게 대답하고 말았어.

"그래요. 산다는 것 자체가 시간이 걸리는 일이죠."

삶의 서로 다른 가치를 측정하거나 비교하는 것이 과연 가능할까? 나는 그것이 결코 쉽지 않은 일이라고 생각해. 이와 관련해서 나는 가끔 사람들이 임종을 앞두고 어떤 생각을 하는지 상상해.

죽음을 앞두고 어떤 텔레비전 드라마 시리즈를 제대로 챙겨 보지 못했다며 후회하는 사람은 거의 없을 거야. 물론 그렇다고 해서 텔레비전 드라마를 보는 것이 가치 없는 일이라고 단정하는 건 아니야. 영화나 텔레비전을 보는 것은 그 자체로 매우 즐겁고 편안한 활동이 될 수 있으니까.

짐작건대 죽음을 코앞에 두고 더 많은 소설책을 읽지 않았다거나, 더 많은 콘서트에 가 보지 못했다고 크게 후회하는 사람도 그리 많지 않을 것 같구나. 그런 사람들이 더러 있다면, 나 또한 죽음을 앞두고 등산을 더 많이 하지 않은 것을 후회할지도 몰라.

이처럼 가치에 관한 질문은 개별적으로 큰 차이를 보여. 나는 개인적으로 볼링이나 골프, 승마나 반려견 돌보는 일에 열정을 보이는 사람들을 이해할 수가 없어. 하지만 그렇다고 해서, 그러한 활동이 어떤 사람들에겐 매우 큰 의미를 지니고 있다는 것을 전혀 이해하지 못한다는 말은 아니야.

죽음을 앞둔 사람들에게 떠오르는 또 다른 유형의 생각들은 어떤 것이 있을까.

오랜 친구에게 먼저 연락하지 않았던 일, 우정을 돈독히 하기 위해 더 많은 노력을 기울이지 않았던 일, 또는 부모님이나 자녀들과 더 많은 시간을 보내지 못했던 일, 그를 용서하지 않았던 일, 또는 그녀를 실망시켰던 일.

또는 이런 것들도 있겠지.

자신이나 자신의 삶에 대해 더 심각하게 생각해 보지 않았던 일, 자신의 재능을 더 열심히 개발하지 않았던 일.

그리고 이런 것들도 있지 않을까?

세계의 굶주린 사람들이나 난민들을 위해 삶을 더 투자하지 않았던 일, 기후 위기에 대응하기 위해 더 많은 노력을 기울이지 않았던 일.

지금, 여기 있는 건 바로 우리!

사랑하는 손주들아. 이제 6월이 되었구나. 우리는 곧 산속 오두막에서 만나게 될 거야.

나는 지금 새로 지은 테라스의 공작새 의자에 앉아 있어. 무릎 위에 노트북 컴퓨터를 올려놓고, 자판을 치지 않을 때는 저녁노을로 붉게 물든 북서쪽 하늘을 응시한단다.

이제 좀 쉴 시간이 된 것 같구나. 너희 할머니가 오렌지 생즙으로 만든 주스에 얼음 조각을 넣어서 가져왔어.

해는 벌써 한 시간 전에 졌단다. 하지만 얼마 전에 새로 산 온도계는 여전히 영상 20도를 가리키고 있어.

너희도 이미 알아챘겠지만 너희에게 보내는 이 편지에는 처음부터 마지막 문장에 마침표를 찍을 때까지 한결같이 이어지는 주제가 있어. 하지만 지금까지 그 주제의 주변만 빙빙 돌았던 것 같구나. 이제 그 주제를 명확히 짚을 때가 된 것 같아.

나는 첫 장에서 마치 어제 일처럼 여전히 생생하게 기억하고 있는 내 어린 시절의 경험에 대해 이야기했어. 그것은 바로 내가 동화 같은 이 세상에 잠깐 스쳐 지나가듯 방문한 존재처럼 여겨진다는 이야기였지. 십 대 후반에는 나를 고뇌에 빠지게 만든 섬세한 감정에 몸을 맡겼어. 내가 나의 존재보다 더 큰 무언가의 한 부분이 되었다는 조화로운 경험이었지. 그것은 내가 깊은 숲속에서 하늘을 보며 잠을 자고 나서, 눈떴을 때 나를 덮친 느낌이기도 했어.

나는 날개에 까만 점이 찍힌 새빨간 무당벌레, 새끼손톱보다 작은 거미들, 바삐 움직이다가 어느 순간 눈앞에서 사라져 버린 조그만 개미들에게 정신을 빼앗겼지.

그 순간 나는 그동안 나를 옭아매고 있던 것을 느슨하게 풀어 헤칠 수 있었고, 내 주변을 여유롭게 돌아볼 수 있었어. 동시에, 옛날 사람들이 말한 '범신론', 즉 자연의 모든 존재에는 영혼이 깃들어 있다는 개념을 이해할 수 있을 것 같았지.

그런데 나는 왜 그때 문명을 벗어나 숲속으로 도피했을까? 나를 옥죄고 있던 도시의 그 무언가는 왜 내가 자연에 발을 들여놓자마자 사라져 버렸던 것일까?

너희에게 그 일과 관련된 이야기도 해 주어야 할 것 같구나. 물론 세세하게 모두 설명해 줄 생각은 없어. 어쩌면 이야기를 하는 도중에 간간이 거짓말을 할지도 몰라.

나는 당시 한 소녀를 만났어. 그저 지나가다 본 것이 아니라, 매우 친하게 지내기까지 했지. 아니, 벌써부터 내가 거짓말을 하는 것 같구나! 솔직히 말하면, 첫눈에 그 소녀에게 반했어. 나는 그때 열여덟 살이었고, 그녀는 나보다 한 살쯤 어렸어. 당시 나는 모든 것을 내려놓고, 아주 당당하게 학교를 빼먹고 숲속으로 들어갔지.

이쯤에서 그보다 전에 일어났던 이야기를 꺼내야 할 것 같구나. 그 소녀를 처음 보았을 때 내 나이는 열일곱 살이었어. 지금의 레오보다 어린 나이였지. 그녀는 열여섯 살 하고도 여섯 달 정도 지난 나이였어. 나는 그녀를 본 뒤 몇 초도 지나지 않아, 그녀가 내 삶의 유일한 여인이 될 것이라고 확신했어. 어떻게 확신할 수 있었냐고? 글쎄, 나는 그 소녀를 보는 순간 '바로 이 사람'이라는 생각 말고는 아무 생각도 할 수 없었단다. (그때, 그녀는 커다란 테이블 앞에 앉아 있었어.)

그것은 의도하지 않은 순간에 갑작스럽게 입 밖으로 튀어나오는 부주의한 말실수처럼 기묘하고도 기괴한 일이었지. 왜냐하면 그때 그 소녀의 나이는 지금 오로라보다 겨우 한 살 많은 열여섯 살이었으니까. 하지만 당시의 내게 나이는 아무런 문제도 되지 않았어. 그녀가 내 인생의 하나뿐인 여인이라고 생각하는 데는 단 12초밖에 걸리지 않았지. (그 12초라는 시간 동안, 나는 그녀가 회계를 맡았던 '고등학생 연합회'의 회원으로 등록하고 회원증을 받았어. 그렇게 함으로써 그녀는 내 이름을 알게 되었지.)

그녀는 너무나⋯ '스플렌디드 splendid'했단다.

그 밖의 형용사는 덧붙이지 않을 거야. 적으면 적을수록 좋다는 말도 있으니까. 나는 '스플렌디두스'라는 라틴어에서 유래된, 스플렌디드라는 단어 하나만으로도 충분하다고 생각해. 뜻이 궁금하면 사전을 찾아 단어의 유래와 기원을 알아보는 것도 좋겠구나. 하지만 너희는 이미 영어를 통해 이 단어를 잘 알고 있을 거야. (나는 당시 오슬로 대성당고등학교의 라틴어 학부 학생이었어. 스플렌디두스splendidus, 스플렌디다splendida, 스플렌디둠splendidum…)

여기서 중요한 정보 하나 알려 줄게. 그녀를 처음 보는 순간, 이미 오래전부터 그녀를 알아 온 것 같다는 생각이 머릿속을 스쳤어. 무슨 이유로 그런 생각을 하게 되었는지는 알 수 없지만, 그녀의 생각도 나의 생각과 다르지 않을 것이라고 믿었지. 그녀에게 회원증 가격이 얼마인지 물어본 것 외에는 거의 주고받은 말이 없었는데도 말이야. (게다가 나는 텔레파시 같은 건 믿지 않는 사람이잖아.)

그녀의 이름이 '시리'라는 것은 그로부터 몇 분이 지난 뒤에 알게 되었어. 그때, 누군가가 그녀의 이름을 크게 외쳐 불렀거든.

우리는 그날 이후 급속도로 가까워졌고, 해를 거듭하며 함께하는 시간이 더욱 많아졌지. 그도 그럴 것이, 우리는 같은 학교를 다니고 있었기 때문에 서로의 친구들과 이미 아는 사이였고, 정기적으로 고등학생 연합 모임에서도 만났으며, 함께 파티도 하고 산장 여행도 다녔어. 심지어는 헹센 오두막에도 함께 다녀온 적이 있어. 그때의 기분은 이루 말할 수가 없을 정도로 좋았어. 물론 그 뒷면에는 간과할 수 없는 어두움도 있었어. 내겐 무의미한 것으로 치부하기엔 큰 아픔이기도 했지. 그녀에겐 당시 사귀는 사람이 있었어. 그 또한 우리 학교 학생이었어. 우리가 함께 파티 하고 산장 여행할 때, 그가 함께한 것은 당연한 일이었지. 심지어는 헹센 오두막까지 따라왔어. 무례한 녀석 같으니! 하지만 내가 할 수 있는 일은 없었어. 그런데도 나는 여전히 그녀가 내 인생의 유일한 여인이라는 생각을 접지 않았어. 한두 번은 그녀와 결혼해서 함께 사는 생각도 해 보았어. 그런 생각은 정말 한두 번밖에 해 보지 않았단다.

이제 너희는 내가 이야기하는 그 여인이 누구인지 알아챘으리라 믿어. 그래, 그녀는 바로 너희 할머니야. 약 한 시간 전에 테라스에 앉아 있는 내게 오렌지 주스를 가져다준 바로 그 여인이지.

더 자세한 이야기는 다음으로 미루어야 할 것 같구나. 하지만 지금까지 한 이야기는 내가 왜 주중에 도시를 떠나 숲속으로 도피했는지, 그 이유에 대한 충분한 설명이 될 수 있을 거야. 나는 내 본연의 모습으로 살고 싶었어. 만약 이 이야기가 거기에서 멈추었다면 '내 인생의 여인'이라는 나의 집착은 숲의 관능미에 묻혀 퇴색되었을 것이고, 그녀와 나는 제대로 사귀기도 전에 서로에게서 멀어졌을 거야. 그렇게 되었다면, 지금 나는 테라스에 앉아 너희에게 이런 편지도 쓰지 못했겠지. "사랑하는 레오, 오로라, 노아, 알바, 율리아, 그리고 마니에게"라는 첫 문장도 탄생하지 못했을 거야.

물론 레오, 노아, 오로라, 알바, 율리아, 또는 마니도 이 세상에 태어나지 못했을 것이고, 세상은 지금 우리가 생각하는 것과는 많이 다른 모습을 지니고 있을 게 틀림없어. 한두 사람이 얼마나 의미 있는 차이를 만들어 내는지 이제 이해할 수 있겠니? 너희가 이 세상을 경험하지 못했을 수도 있다는 사실을 한번 생각해 보렴!

과거의 어떤 일이 조금만 달랐어도, 예를 들어 부모님 중 한 분이 과거에 어떤 버스나 지하철을 놓쳤더라면, 우리는 지금 여기 존재하지 못했을 거야. 이렇게 생각하면 참으로 이상하지 않니. 우리는 세상에 태어나지도 못했을 테지만, 세상은 여전히 지금 이 자리에 있겠지. 물론 우리가 없는 세상이겠지만 말이야.

마찬가지로, 우리가 언젠가는 이 세상에서 사라질 것이라고 생각하는 것은 많은 이에게 결코 받아들이기 쉽지 않은 일일 수도 있어. 물론 우리가 사라져도 세상은 여전히 존재하겠지만, 그 세상에는 우리가 존재하지 않겠지.

자기 자신의 비존재를 상상하는 것은 거의 불가능해. 어쩌면 우리 가운데 매우 소수의 사람들에겐 가능한 일일지도 모르지.

적어도 나는 이 세상에 존재한다는 것, 즉 이 세상에 살고 있다는 것이 형언할 수 없을 정도로 이상하다고 생각해. 나는 평생을 두고 이것을 말로 표현해 보려고 노력해 왔어. 하지만 제대로 표현해 냈는지는 확신할 수가 없구나. 어쨌든 그 어느 누구도 자신이 아무런 노력을 하지 않았다고 치부할 수는 없을 거야.

앞서 말했듯이, 나는 어렸을 때 세상이 존재하고 그 세상에 우리가 존재한다는 사실이 이상하다고 인정하지 않는 어른들에게 배신감마저 느낀 적이 있어. 그들은 세상이 존재하는 것이 너무나 '정상적'이라고 주장했지.

나는 그들의 말을 들으며 혼자 속으로 반박했어.

"'생각해 보니 정말 이상하구나.'라고 한마디만 해 주면 될 텐데

··· 정말 신비롭다고, 아니 믿을 수 없는 일이라고 한마디만 해 주면 될 텐데···.'

나이가 들면서 나의 표현력도 좋아졌어. 어쩌면 나는 그 무딘 어른들에게 복수하기 위해 작가가 되었는지도 몰라. 나는 어렸을 때부터 세상을 당연하게 여기는 사람, 세상을 익숙하게 받아들이는 사람은 결코 되지 않겠다고 다짐했어.

하지만 나는 항상 존재의 반대, 즉 존재하지 않음을 표현하는 것이 너무나 어렵다고 생각해 왔어. 우리는 지금 여기, 단 한 번 존재할 뿐이야. 지금 여기 있는 것은 바로 우리야! 그리고 우리는 다시 지금 여기로 되돌아오지 않을 거야.

이 사실을 처음 마주한 날, 나는 세상을 처음으로 경험하는 듯한 느낌에 사로잡혔어. 아마 그날은 일요일이었을 거야. 아침에 눈을 뜬 나는 불현듯 마법의 세계에 들어온 것 같은 느낌이 들었어. 그에 대한 반작용으로 나 또한 언젠가는 죽을 것이라는 사실을 인지하게 되었지. 이제 그날이 점점 가까워지는 것을 느껴. 그건 방금 북서쪽의 저녁노을을 바라보며 했던 생각이기도 해.

자기 자신을 잃어버림으로써 얻는 슬픔은 무엇으로 상쇄할 수 있을까? 이 상실감을 상쇄하거나 보상받을 수 있는 것이 존재하기는 할까? 이 질문은 나이가 많든 적든, 우리 모두에게 해당하는 거야. 나는 이 질문에는 다양한 답이 있을 수 있다고 생각해. 적어도 나는 나 자신에 관한 답은 할 수 있어.

만약 지구의 인류와 생물학적 다양성이 온전히 보존되기 위해서 내가 지금 죽어야 한다는 것과, 나 자신은 100살이 넘을 때까지 건강하게 살 수 있지만 이 지구는 병이 들고 암울한 운명을 맞이할 것이라는 두 가지 가정 중에서 하나를 골라야 한다면, 나는 주저하지 않고 지금 당장 내 삶을 포기할 거야. 나는 나의 선택이 매우 당연한 것이라고 생각해. 아니, 그것은 선택이 아니라 나와 내게 속한 것들을 지키기 위한 나의 임무라고 해야겠지.

이 결정은 나이나 삶의 과정과는 관계가 없어. 설사 25년 전이라 해도 나는 같은 결론을 내렸을 거야.

지구에 대한 나의 권리는 공유와 소유를 포함하는 거야. 나는 세계 시민의 한 사람으로서 여권과 주민 번호가 만료된 뒤에도 이 권리를 유지할 거야.

왜냐하면 이것은 내가 누구인지 정의하는 정체성과 관련된 것이기도 하니까. 나는 지금 어슴푸레한 6월의 어느 날 저녁, 테라스에 앉아 노트북 컴퓨터의 자판을 두드리는 노인이라고만은 할 수 없어. 나를 이런 식으로 표현하는 것은 너무나 어설프고 피상적이라서 동의할 수가 없구나. 나는 그보다 훨씬 크고 더 깊은 무언가를 대표하는 존재이기 때문이지. 아니, 그 크고 깊은 무언가는 바로 나라고 할 수 있어.

이것이 바로 너희에게 보내는 편지의 주제라고 할 수 있어. 나는 너희가 스스로에게 생명을 주고 앞으로도 오랫동안 몸을 담고 살 이 지구와, 너희의 더 큰 자아를 동일시하는 법을 깨달을 수 있기를 간절히 바라.

우리 가운데 많은 사람이, 우리가 영원히 살 수 없다는 사실을 깨닫는다면, 또 이 지구에서의 삶이 단지 잠시 빌린 것에 불과하다는 것을 인지한다면, 온몸에 소름이 돋게 될 거야. 어떤 사람들은 매우 가끔, 또 어떤 사람들은 평생을 두고 그 서늘한 느낌을 경험할 수도 있어.

마찬가지로 우리가 지구에 할 수 있는 최악의 일을 생각한다면 충격을 받을 수도 있겠지.

우리가 지구의 생물학적 다양성과 생명의 기초가 확보되어 있다는 합리적인 확신을 가질 수 있다면, 이런 서늘한 느낌과 충격에서 벗어나는 것이 조금 더 쉬울 수 있을 것 같구나. 지금 우리는 스스로의 정체성을 걸고 도박을 하고 있다고 해도 과언이 아니야. 왜냐하면 우리가 지구의 건강과 다양성을 해친다면, 틀림없이 그 때문에 우리 자신도 해를 입게 될 테니까.

나는 내가 비관주의자라고는 생각지 않아. 이건 이미 언급했지. 비관주의는 게으름의 또 다른 말일 뿐이라고. 그렇다고 해서 나는 나 자신을 낙관주의자라고도 생각지 않아. 낙관주의자들은 삶의 현실을 직시하지 못하는 경우가 많기 때문이지.

하지만 일종의 기질적 특성인 비관주의와 낙관주의라는 양극 사이에는 희망이 존재해. 희망은 기질적 특성보다 더 큰 무언가를 의미하지. 나는 희망이 투쟁의 범주에 속한다고 생각해. 희망의 전제 조건은 희망하는 그 무언가를 향한 믿음이란다.

　사랑하는 레오, 오로라, 노아, 알바, 율리아, 그리고 마니. 이제 이 편지를 마무리할 때가 된 것 같구나. 우리에겐 더 나은 세상을 위해 투쟁해야 할 수많은 이유가 있어. 동시에, 우리에겐 더 나은 세상이 올 것이라고 믿을 만한 이유도 엄청 많아.
　너희는 어떻게 생각하니?
　그건 그렇고, 너희가 사는 21세기의 말, 지구는 어떤 모습을 하고 있니?

요스테인 고더 Jostein Gaarder

진단 및 기타 단편 소설 Diagnosen og andre noveller 1986
수카바티의 어린이들 Barna fra Sukhavati 1987
개구리 성 Froskeslottet 1988
수상한 빵집과 52장의 카드 Kabalmysteriet 1990
소피의 세계. 철학 역사에 관한 소설 Sofies verden 1991
크리스마스 미스터리 Julemysteriet 1992
거울 속의 수수께끼 I et speil, i en gåte 1993
거기 누가 있나요? Hallo? Er det noen her? 1996
비타 브레비스 Vita Brevis: A Letter to St Augustine 1996
마야 Maya 1999
서커스 단장의 딸 Sirkusdirektørens datter 2001
오렌지 소녀 Appelsinpiken 2003
체크메이트 Sjakk Matt 2006
황금색 난쟁이 De gule dvergene 2006
피레네의 성 Slottet i Pyreneene 2008
때에 따라 달라지는 Det spørs 2012
안나. 지구의 기후와 환경에 관한 우화
Anna. En fabel om klodens klima og miljø 2013
안톤과 요나탄 Anton og Jonatan 2014
꼭두각시 조종사 Dukkeføreren 2016
밤의 유서. 삶과 죽음, 그 어딘가에 존재하는 우리 모두에게
Akkurat Passe. En liten fortelling om nesten alt 2018

옮긴이의 말

저자는 철학과 라틴어, 그리고 언어학을 전공했다. 고등학교 교사로 일하던 그는 1991년,《소피의 세계》가 국제적인 성공을 거둔 뒤부터 전업 작가의 길을 걷기 시작했다. 그래서인지 그의 책들은, 철학적인 요소는 물론, 단어의 유래와 어원을 따지는 언어학적인 요소를 포함하고 있다. 그의 책에서 천문학 및 인권과 환경 운동과 관련된 주제도 자주 등장하는 것은 이러한 것들에 대한 개인적인 관심이 큰 몫을 차지했기 때문일 것이다.

이 책,《너에게 쓴 철학 편지》는 저자의 집필 역사는 물론, 우리 인류와 지구의 역사를 총망라하는 작고 거대한 책이다. 동시에, 이제 할아버지가 된 저자가 여섯 명의 손주들에게 보내는 따스한 편지이기도 하다.

나는 저자의 책을 번역할 때마다 그가 던지는 철학적 화두에 깊이 매료되곤 했다. 물론 말과 글에 관심이 많은 번역가로서 그의 언어학적 담론을 통해 배운 것도 많았다.

막 번역을 마무리하고 책장을 덮은 지금 이 순간, 아직도 나는 책 속에서 발견한 한 문장이 준 충격에서 헤어 나오지 못하고 있다. 아마도 이 책을 읽는 독자라면 나와 비슷한 경험을 할 것이라 짐작한다. 물론 그 한 문장 또는 한 문단은 개인적으로 다를 것이지만, 오랜 여운은 충격 또는 감동의 형태로 우리에게 남아 있을 것이라 확신한다.

보이저 1호가 태양계를 벗어나며 찍은 우리 은하의 사진은 약 64만 픽셀로 이루어져 있다고 한다. 그중, 우리 지구의 사진은 단 0.12 픽셀에 불과했다는 사실을 접하는 순간, 나는 마치 무언가에 크게 얻어맞은 듯한 충격에서 벗어날 수 없었다.

우리는 무언가 비교 대상이 있을 때 어떤 특정한 개체의 장엄함이나 미미함을 더욱 또렷하게 인식할 수 있다. 이 거대한 우주에서 지구가 차지하는 자리, 또 그 지구에서 한 개인이 차지하는 자리는 얼마나 미미한가. 그럼에도 우리는 지구상의 그 어떤 생명체와도 비교할 수 없을 정도의 독특한 의식을 지닌 존재로서 온 우주를 품을 수 있다.

저자는 이러한 의식 또는 자의식을 지닌 우리가 지금껏 스스로의 이익과 권리만을 위해 아둥바둥하며 살아온 것을 넌지시 나무라고 있다. 물론 그 '우리'에는 저자가 속하는 세대가 포함되어 있을 뿐 아니라, 어쩌면 그 세대가 가장 큰 질책을 받아야 할지도 모르는 세대라고 겸손하게 인정하고 있다.

스스로의 유전자를 보존하고 이어 가는 일은 인간뿐 아니라 모든 동물의 본능이기도 하다. 그런데 저자는 이 자연스러운 본능이 단지 수평적으로 이어질 뿐이라는 것을 우리에게 상기시키고 있다. 즉 우리의 다음 세대 또 그다음 세대까지 이어지는 수직적 본능은 우리에게 거의 없다는 것이다.

그렇다면 우주를 아우르는 의식의 주체로서 이제 우리는 수평적 본능이 지배하는 삶에서 벗어나 우리의 후손에게 내구력 있는 보금자리를 물려주기 위해 책임 있는 삶을 살아야 할 때가 되지 않았을까. 저자는 이제 그 '때'가 왔다고 말하고 있다. 아니, 어쩌면 이미 늦었을지도 모른다.

지금, 여기, 우리.
이 책의 원서 제목처럼 지금, 여기, 우리에게 가장 중요한 것이 무엇인지 한 번쯤 생각해 봐야 할 것 같다.
나는 아직도 이 작고 거대한 책이 남긴 여운에서 벗어나지 못하고 있다. 먹먹하게 가슴을 짓누르는 무거운 책임뿐 아니라, 저 우주

의 시공간이 나를 향해 환하게 문을 열어 주는 것 같은 이 희열을,
나는 앞으로도 오래도록 행복하게 부여잡고 있을 것이다. 그래서
내가 지금 여기 살아 있음을, 또 앞으로도 저 우주의 한 부분으로
존재할 수 있음을 잊지 않을 것이다.

손화수

너에게 쓴 철학 편지

초판 1쇄 펴낸날 2023년 2월 20일
초판 2쇄 펴낸날 2023년 10월 27일

지은이   요스타인 가아더
옮긴이   손화수
편집   한해숙, 신경아, 이경희
디자인   최성수, 이이환
마케팅   박영준, 한지훈
홍보   정보영, 박소현
영업관리   김효순

펴낸이   조은희
펴낸곳   주식회사 한솔수북
출판등록   제2013-000276호
주소   03996 서울시 마포구 월드컵로 96 영훈빌딩 5층
전화   편집 02-2001-5820 영업 02-2001-5828
팩스   02-2060-0108
전자우편   isoobook@eduhansol.co.kr
블로그   blog.naver.com/hsoobook
페이스북   chaekdam
인스타그램   chaekdam

ISBN 979-11-92686-46-2

류알 코드를 찍어서
독자 참여 신청을 하시면
선물을 보내 드립니다.

 책담 다른 내일을 만드는 상상